中國文明起源新探

蘇秉琦

商務印書館

提供圖片資料單位和人員：

中國社會科學院考古研究所、文物出版社、中國歷史博物館、吉林大學考古系、香港中文大學文物館、河北省文物考古研究所、內蒙古文物考古研究所、浙江省文物考古研究所、廣東省文物考古研究所、深圳市文物管理委員會辦公室、四川省文物考古研究所、成都市博物館、甘肅省文物考古研究所、遼寧省博物館、遼寧省文物考古研究所；王予、薛玉堯、姜言忠、邵望平、劉晉祥、楊虎、高煒、朱非素、葉立中、陳國強、關子鴻、劉軍、牟永抗、王明達、石永士、田廣金、郭素新、郎樹德、趙殿增、段書安、李言、張肖嶼、李昭和、孫祖初、董新林。

繪　　圖：史曉英　王　爽

中國文明起源新探

作　　者：蘇秉琦
責任編輯：徐昕宇
裝幀設計：張　毅
排　　版：肖　霞
出　　版：商務印書館（香港）有限公司
　　　　　香港筲箕灣耀興道 3 號東匯廣場 8 樓
　　　　　http://www.commercialpress.com.hk
發　　行：香港聯合書刊物流有限公司
　　　　　香港新界大埔汀麗路 36 號中華商務印刷大廈 3 字樓
印　　刷：美雅印刷製本有限公司
　　　　　九龍觀塘榮業街 6 號海濱工業大廈 4 樓 A 室
版　　次：2020 年 8 月第 1 版第 1 次印刷
　　　　　© 2020 商務印書館（香港）有限公司
　　　　　ISBN 978 962 07 4610 9
　　　　　Printed in Hong Kong

中國文明
起源新探

目　錄

開頭的話

我從考古學上探索中國文化和文明的起源是由彩陶和瓦鬲開始的，1941 年我寫的《瓦鬲的研究》作為北平研究院第一本專刊，最初曾交由香港商務印書館付印。50 多年過去了，1983 年包括《瓦鬲的研究》和《關於仰韶文化的若干問題》在內的《蘇秉琦考古學論述選集》由文物出版社出版，1994 年獲首屆國家圖書獎，與此同時，遼寧大學出版社又將我從 1984 年以來 10 年間的文章和講話，以《華人・龍的傳人・中國人 —— 考古尋根記》為書名出版。消息剛傳出，香港商務印書館立刻提出要在海外予以宣傳，近 60 年的交往因此又接續上了。商務印書館向以出版高質量的學術著作而聞名，從五四運動以來，出版過《大學叢書》、《外語文庫》等，這在當時各大學習慣於每年重複自印講義，不向社會公開，缺乏正常評論交流的沉悶風氣下，確是一個創舉。館方希望我這本書能反映考古學的一個新時代，又要雅俗共賞。要求雖然很高，卻符合我們學科的發展方向，也是我們所追求的目標，於是就有了 1996 年初一個月的深圳之行，讓我對考古學科在探索中華文化、中華文明和中華傳統起源過程中所走過的並不平凡的歷程進行一番回顧。

一

兩個怪圈

　　幾十年來，在我們的歷史教育中，有兩個怪圈：一個是根深蒂固的中華大一統觀念；一個是把馬克思提出的社會發展規律看成是歷史本身。

　　在中華大一統觀念方面，我們習慣把漢族史看成是正史，其他的就列於正史之外。於是，本來不同文化之間的關係，如夏、商、周、秦、漢便被串在一起，像串糖葫蘆一樣，一根棍串下來，成為一脈相承的改朝換代，少數民族與境外接壤的周邊地區的歷史則被幾筆帶過，這也使中國史與世界史的關係若明若暗。

　　其實，講到中國歷史，從孔夫子起就不把中國史看成是鐵板一塊。子曰："鬱鬱乎文哉，吾從周"，就是把夏、商、周看成是三家來進行比較得出的結果，而不是看作一連串的三代。湯武伐桀紂不是繼承，三家各有千秋，可以互補，但還是周人的學問全面。"周禮"是國家大法，是周人建國治國的系統理論，以一個"文"字代表典章的制度化，是國家已成熟的表現，殷人還未達到這水平，所以孔子要以周為主。孔子又說"入夷則夷，入夏則夏"，是看到中原的夏和四周的夷，各有各的根，周邊民族到中原來，就被中原民族同化，同樣，中原民族到周圍地區，就被當地民族同化。這種同化過程往往是很快的，不過一、兩代人，而且進來是華，出去就是夷，進來出去又多有反復，所以，華夷之間的差別也並不是絕對的。孔夫子"有教無類"的名言，也是認識到他的弟子們來自四面八方，民族文化傳統的背景來源不一樣，甚至差別很大，而且有不同種族之間的差別。"有教無類"的"類"一般都解釋為身份、背景，較少聯繫到種族問題，但殷墟的情況給了我們啟發。李濟在分析殷墟的大批人類頭骨後指出，活動在商代中心地區人們的種族差別很大，他在《再論中國的若干人類學問題》一文中說："從著名安陽遺址出土的人骨資料來看，就遠不是純一人種的。從研究這一人骨的頭形指數計算出的標準偏差數，遠遠超出正常範圍，這肯定地說明這一組顱骨有着極不同的來源。"雖然時代越近，人種差別越小，但孔子時代，中原地區的人種差別仍然很大，所以，"有教無類"主要不是指社會貧富等級差別，而是種族特徵差別，孔子的教育思想是要平等待人，反對種族歧視，這當然是很進步的思想。由於面對的是多文化且複雜的民族傳統社會，所以他講課的內容也是包羅萬象，兼容並舉。《周禮》所講的“六藝”：禮、樂、射、御、書、數，就是包含了多文化的。至於“罷黜百家，獨尊儒術”，那是漢武帝以後的事，把孔孟的書以朱熹的註解為標準，將朱熹一家定為一尊，更是宋代以後才形成的。

司馬遷寫《史記》也是兼容並舉的，他不僅對百家學說分門別類介紹，不歧視哪一派，比較客觀，而且修史內容超越國界，把西域的烏孫、康居、大月氏、安息都列為傳，當國史來寫，實際上寫的是世界史。

至於另一個怪圈——社會發展史觀方面，我們習慣把馬克思提出的社會發展規律看成歷史本身。歷史本身是多種多樣、豐富多彩的。把社會發展史當成唯一的、全部的歷史，就把活生生的中國歷史簡單化了。幾本有影響力的中國通史就有這種傾向；1958 年前後籌建中國歷史博物館時編寫的通史陳列說明辭，北京大學師生合作編寫的考古學教材，都是在這種思想指導下的產物。結果大量豐富的考古資料也只能“對號入座”，把一般的社會發展規律當成教條，再添加些考古資料便交差了事。連調查少數民族史也受到影響，一個現成的例子是，海南島的五指山被說成是黎族由母系氏族社會向父系氏族社會過渡的標誌。其實，五指是五支，代表黎族內部的五個各有特點的社會群體。五支之間不是社會發展階段不一樣，而是每一支都有自己的傳統、自己的標誌，是社會內部群體分化，並不代表社會的不同發展階段。把它簡單說成是所有制問題，只進行階級分析，那就把黎族的民族及其內部的特色給抹掉了。

　　其實，把社會發展史視為全部歷史，在馬克思主義經典作家那裏，並沒有找到甚麼理論根據。馬克思、恩格斯研究和概括社會發展規律的偉大工程時，是從研究具體史實開始的。恩格斯也並不認為人類社會從野蠻進入文明和國家產生的道路全世界只有一條，他在寫《家庭、私有制與國家的起源》一書時，就是在研究了他所處的那個時代所能得到的史料之後，提出國家的產生至少有雅典、羅馬和德意志三種不同的國家形態，它們各有特點，通過不同的途徑，完成了人類社會發展規律所制約的由野蠻向文明的過渡和國家的產生。

我們回頭來說近代考古學與歷史學的關係。近代考古學的目標就是修國史，從 20 世紀初近代田野考古方法傳到中國，1929 年中國最早的兩家考古研究機構在南京中央研究院和北平研究院成立起，這個修國史的目標就很明確。如何修？傅斯年講過一句話："上窮碧落下黃泉，動手動腳找材料"。意思是修國史要擺脫文獻史料的束縛，不拘泥於文獻，不是為了證史補史，而是要找到地下實物史料，作為修國史的重要依據。考古學要從史學中獨立出來，自立門戶。這兩句話很像是考古學的"獨立宣言"。於是，設在南京的中央研究院歷史語言研究所考古組剛成立，就直奔安陽，因為那裏發現過甲骨文，目的是研究商史；設在北平的北平研究院史學研究所考古組，先在北平收集有關老北京建築的碑拓，又去了燕下都，後到陝西，卻不在西安附近挖周秦漢唐，而是打道寶雞，因為那裏出過一批青銅器，目的是研究先周先秦史，追溯周、秦的老根。

要以考古學修國史，探索中國文化和文明的起源，說來簡單，做起來難，首先碰到那兩個怪圈就很容易鑽進去鑽不出來。如何繞過這兩個怪圈，道路是十分曲折和艱難的。王國維比較高明，他沒有被大一統承接的觀念套住，所以他講殷周制度論時，不僅講商朝史和周朝史，而且講兩種文化的歷史，所以能認識到商周不同源。傅斯年雖也提出過"夷夏東西說"，但已經有了正統（夏）和非正統（夷）的觀念。徐炳昶有"三集團說"，不過還不是從分析考古資料入手。面對這種狀況，考古學要想獨立研究歷史，探索出中華文化和文明的起源，就要建立本學科的方法論。如果我們從一開始時就意識到這一點，我們學科的起點就高。建立考古學的方法這一問題，還得在下一章從中國文化的特別載體 —— 瓦鬲和仰韶文化這兩個當時的熱門話題談起。

二　學讀「天書」

　　"學讀'天書'"是 1987 年我寫《給年青人的話》一文中的一個小標題，說的是三四十年代我硬着頭皮啃"天書"，尋找解釋"天書"密碼的那段經歷。

　　1934 年，我從北平師範大學歷史系畢業後，進入北平研究院史學研究所，副院長李書華把我分配到考古組。9 月，我隨所長徐炳昶（旭生）老師去陝西寶雞發掘鬥雞台遺址，第二年收工後，沿渭河調查回到西安，考古調查發掘使我有機會接觸到陝西關中西部古文化材料。此後一年多時間在西安着手整理我參加發掘的百來個小墓材料，準備寫發掘報告。1937 年抗日戰爭爆發，鬥雞台發掘停止，發掘材料於 1939 年初輾轉運抵昆明黑龍潭，繼續整理。要消化這批材料，對於像我這樣一位初學者，無疑是有困難的。沒有基礎，周圍沒有人可以請教討論，一切從零開始，只有蹲下來，邊摸瓦片邊思考。我意識到，從這批墓葬中的三種類型 —— 直肢仰身豎穴、屈肢豎穴和洞室，以及隨葬品中的三種器物 —— 鬲、䀇、竈這兩個方面進行比較分析，或許能夠取得突破。為此，首先要解決兩個問題：第一，是數以百計的單位和數以千計的器物，都應有其本來歷史的、邏輯的順序，因此，必須使它們“各就各位”；第二，這批材料作為一批有組織的人們的群體活動遺跡，在中國古代社會文化史中應該有其特定的地位和作用。因此，我必須從這部“天書”中尋找出它們原來傳遞信息的“密碼”，才有可能認識它們的真實含義。

面對這批“啞”材料，如癡如呆地摸呀摸，花費了多少個日日夜夜。這使我養成了一個習慣，看到陶片、陶器，每每摸來摸去，雖然也不一定有所收穫。朋友中流傳，說我好閉着眼睛摸陶片。我還聽說，有的同學真的閉着眼睛摸陶片，據說是從我這兒學來的。這話三分是誇張，七分是誤解，隨便談談，博大家一笑罷了。對於陶器，如果以為僅憑視覺觀察到的印象可以代替手感的體驗，那就錯了。科學是以邏輯思維反映客觀世界，藝術是以形象思維反映客觀世界。根據我的實踐體驗，形像思維對於考古學研究的重要性絕不下於邏輯思維，而手感對於形象思維的作用，絕不是憑視覺得到的印象所能代替的。

經過一段時期的實踐摸索，我終於好像從手下上百件瓦鬲標本中找到解釋“天書”的密碼，識破這種中國文化

● 瓦鬲的分類

	A 袋足類	B 聯襠類	C 折足類	D 矮足類
半成品				
製成品				
縱剖面				
底面				
橫剖面				

特殊載體的基本運動規律了。

第一，按照發生學原則，找到可以排出序列的四種基本類型。這些類型按拼音字母 A、B、C、D 代表分別稱為：A 型袋足鬲；B 型聯襠鬲；C 型折足鬲；D 型矮足鬲。（圖 ❶）

第二，描繪出它們各自的譜系圖，並按照它們的發展史，分為三大期：（一）原始鬲（斝），約當仰韶後與龍山期前，尚無可靠代表標本；（二）斝鬲 A、B、C，約當龍山期至殷周之際；（三）鬲 D，約當殷周之際至戰國。

第三，推測出它們從發生到衰亡的全過程。鬲的起源大致在彩陶之後黑陶之前的四五千年間，消失在公元前 5 至公元前 4 世紀之間。整個過程大約相當於中華五千年文明史的前半段。

第四，產生了不同地區各有各的發展脈絡，商周不同源的想法。

當時的史學界稱中國古文化為"鼎鬲文化"，日本學者濱田耕作寫過《鼎與鬲》，認為鼎起源早於鬲。但鼎鬲源流不一樣，鼎是由圜底器加三足，鬲是由三袋足結合而成的，鼎鬲都是有中國特色的器物，但差異很大。尤其是鬲，世界其他地區都沒有見過類似器物，而在中國古文化中，它的存在又特別普遍而長久，是中華古文化的一種代表化石，對於追溯中華古文化和古文明的起源與流變具有特別意義。鬥雞台瓦鬲的四種類型的劃分及其演變告訴我們，商王朝時期，周人已在西部興起，寶雞地區的瓦鬲已顯示出先周文化有兩個來源，一是自西北方向來的姬姓成分（CD 型），一是關中土著的姜姓成分（BC 過渡型）。周王朝時期，秦人已在隴西興起，東進至寶雞時帶來了素面袋足鬲（A2 型）、屈肢葬和鐵器等文化因素，因此，從考古上證明，商、周、秦各有來源，在寶雞地區存在過商文化與先周文化的立體交叉，也存在過周文化與先秦文化的立體交叉。1983 年當《瓦鬲的研究》收入我的第一本文集時，我在“補序”中又談到，經過四十多年新的工作與材料積累後，對這個課題的一些新認識：

第一，當時推測“原始鬲”的袋足應接近第一類型袋足的“缶”形器。現在看來，有的地方確有從仰韶文化小口尖底瓶的後裔底部構成新型的袋足斝類器，爾後再由

它轉化為鬲形器的例子。更多的材料則說明鬲的原始型
就是斝形袋足器。但同樣是從斝形器開始，經過袋足逐
漸相互靠攏，再進一步發展為真正的鬲，其發展過程卻分
為兩路：一路成為有如第一類型呈銳角襠（或＂隔＂）的袋
足鬲；一路成為有如第二類型呈高圓丘形襠部（或＂隔＂）
的，曾稱之為＂聯襠＂的鬲。前一路呈銳角襠的袋足鬲又
經逐漸降低襠部，最後形成鈍角襠的，曾稱之為＂矮足＂
的第四類型鬲；後一路呈高圓丘形襠部的第二類型，即所
謂＂聯襠＂鬲，也是經過逐漸降低襠高，直到最後轉化為
＂折足＂的第三類型鬲。前者似是曾活動於西遼河與海河
水系地帶的人們（包括商人）所走過的道路；而後者則似
是以陝西關中地區為中心的居民（包括周人）曾走過的道
路。我們或可更進一步推測：屬於前者的最後階段——
稱之為第四類型——與屬於後者的最後階段定型的第三
類型的，兩者的起點或轉折點的年代估計大致相似，約當
中國編年史的夏商之際。

　　第二，在北方，活動於燕山南北，後來成為燕國範圍
內鬲類的前期階段，同商人的遠祖似經歷過相似道路，到

夏商之際才分道揚鑣。它的最後階段即在北京附近所見的晚到戰國時期的"燕式鬲"。在南方，活動於江漢平原的人們（包括荊楚）走的則是不同於中原的道路，其鬲的形式始終沒有脫離鬲的原型（斝）的基本結構，僅在外部形態上發生過類似中原的階段性變化。在東方，主要活動於山東一帶的黃河下游地區的人們，雖然使用多種袋足類器（鬹、盉、甗等），但真正使用的鬲類器，似非源於當地的老傳統。

第三，鬲消失的公元前 5 至前 4 世紀之間，正是孔孟時代。我在《瓦鬲的研究》一文中說到鬲的消亡時，曾引用了古文獻中兩段與此有關的故事：

1. 魯有儉者，瓦鬲煮食，食之而美，盛之土鉶之器，以進孔子。孔子受之，歡然而悅，如受太牢之饋。弟子曰："瓦甂，陋器也。煮食，薄膳也。而先生何喜如此乎？"孔子曰："吾聞'好諫者思其君；食美者念其親'。吾非以饌為厚也，以其食美而思我親也。"（《說苑·反質》）

2. 陳相見孟子，道許行之言曰："……"（孟子）曰："許子以釜甑爨，以鐵耕乎？……"（《孟子·滕文公上》）

　　前一故事，似說明當孔子時代，至少在山東，瓦鬲還流行。後一故事則說明，孟子時代業已用釜。對這兩段話和孔孟時代的區別還可以進一步引申。孔子欣然接受普通老百姓用瓦鬲盛的 "薄膳"，弟子以為有失身份，孔子卻以此為榮，因為用的是鬲，不失禮，"如受太牢之饋"。孔子是很重視 "鐘鳴鼎食" 的，他在齊國聽到《韶樂》後 "三月不知肉味"。但當時已是社會大變動時期，工商業發展起來了，從西周末到春秋初期，社會分工有了新的轉折，候馬發現的銅帶鈎、銅鏡、連續小單元圖案的大銅器等，都是作為商品而大量生產的，生產的專業化、有重量單位（釿）的貨幣的出現與鬲向釜的演變是大致同步的。刀幣、布幣、圜錢三種鑄幣重量接近，都在 12 克左右，不同貨幣的流通無大障礙。當時，"珠玉犬馬" 是大買賣，在晉南、齊魯、邯鄲以及周王室所在的洛陽都出現了商人，新的階級起來了，他們過問政治，受人尊敬，地位很高。這種變革在孔子時代已出現，到孟子時代已很普遍，所以孔子周遊列國宣傳“禮儀之邦”不成功，不得已只好回到魯國講學，孟子也周遊列國，但講的是帝王之道如何國富民強，到處受歡迎。孟子時代已產生了商鞅一類人物，提倡治理國家靠法治不能靠仁政。我們從考古方面看到的是，由鬲演變為釜在寶雞地區有完整序列。總之，在孔孟之間的百年間，對禮的看法發生了很大變化，是“禮崩樂壞”的時代，這應該就是鬲消失的深刻社會歷史背景。

運用考古學方法論，認識到鼎鬲不同源、商周不同源，這是我們繞過中華大一統觀念，考古尋根的一次重要嘗試。在 1920—1940 年代中國考古學剛剛成為獨立學科的創始階段，從方法論角度看，當時的考古學有以正經補史為目的的中國傳統金石學，有近代西方考古學因素，但在實踐中摸索符合中國特色的考古學方法論已經開始了。

二　學讀"天書"

三　解悟與頓悟

　　用"悟性"這種很像是佛教語言來形容我們 20 世紀五六十年代走過的路，既是表達繼續探索的艱辛，更是指從實踐中得來的認識的積累和飛躍。這最集中地反映在當時對仰韶文化的認識上。

　　那是 1950 年代後期，學術思想相對活躍，在北大以學生為主提出了諸如：要不要陶器排隊，進行分型分式，作類型學比較；如何向蘇聯學習；如何見物又見人等等問題，為此大家都做了很多努力。但無論是北大考古專業師生合作編寫的考古教材，還是中國歷史博物館的新陳列，腦子裏裝的仍是馬克思的社會發展史，手裏拿着考古器物，以為兩者相加就行了。其實，這種穿靴戴帽的作法，把中國歷史簡單化，具體研究仍然是乾巴巴的空殼，所以直到 1950 年代末，"修國史"以及同時提出的為恩格斯的《家庭、私有制與國家的起源》"寫續篇"[1] 和 1958 年提出的為馬克思主義考古"建體系"[2] 的目標，哪一個也沒有取得重大突破，還在原地踏步。由於路子摸得不對，走不通，於是產生了困惑。我也和大家一起困惑過，但經過反復的思考結果發現，馬克思主義哲學並不能直接回答研究中國考古學的方法論問題，歷史唯物論和歷史科學的各專門學科理論也不屬於同一層次，具體問題還得具體分析。

　　近代考古學不同於傳統金石學的一點是，研究對象首先是田野考古發現的一個個具體單位，如地層、墓葬、窖穴、房址等，而不是每一個單位裏出土的一件件文物。於是我們選擇了當時材料比較豐富的仰韶文化為課題，從整理陝西華縣泉護村發掘的材料入手。這個遺址發掘面積7000—8000平方米，我們先以一個探方內各個地層出土的器物的層位關係作基礎進行類型學的比較分析，反復排比，最後選出四類八種陶器進行綜合的層位、類型學的排列分析，得出它們的整體排列共生關係。研究一個遺址如此，研究一個考古學文化也應照此同樣辦理。《辭海》的"考古學文化"條中說，考古學文化是"用以表示考古遺跡中（特別是原始社會遺跡中）屬於同一時期的有地方性特徵的共同體，同一文化的遺存，有着同樣形式的工具、用具和相同的製作技術等。"也就是說，考古學文化是屬於人們共同體（社會）的遺存。如果我們把考古學文化停留在靜態的定性描述，我們又如何見到那個社會的運動發展呢？看來問題就出在這裏，解決問題的方法還得從考古學方法論中去找。每一種考古學文化都是在不斷變化和發展中形成的，所以要把考古學文化看成是一種運動的物質，從一種運動的物質（即考古學文化）定量分析入手，找到它的運動規律。這種整理研究方法，就是在唯物辯證法指導下形成的考古學的具體研究方法。而通過整理研究陝西華縣泉護村的材料，得出有關仰韶文化整體面貌的認識，就是運用這種考古學的具體方法的結果。通過仰韶文化的研究，也使探索中華文化和中華文明起源向前邁進了一步。

實際上，仰韶文化從它的發現開始就是同探索中華文化和中華文明的起源聯繫在一起的。1921年瑞典地質學家安特生發現仰韶村遺址之後，以仰韶文化及類似遺存為線索，他北到遼寧大小淩河，西到青海湖，西南到長江上游的川康的甘孜，足跡幾乎跑遍了仰韶文化影響所及的邊沿地區。從他第一次發表關於仰韶村遺址考古論文到他寫出以仰韶文化為中心內容的論著，他的全部學術活動歸納到一點，就是試圖以仰韶文化為中心，探索中華文化起源

問題。他從仰韶村遺址的發現認識到：鼎和鬲是中國古文
化的特色，彩陶則與中亞有關，雖然他沒能找到仰韶文化
的真正根源，也沒能對仰韶文化的範圍加以界定，但從一
個西方人眼光中，他已敏銳地意識到仰韶文化是中國文化
的重要源頭，並認識到對中國古代文明的來源及其在世界
文明史上的地位不可等閒視之。

　　1950—1960 年代是仰韶文化資料得到大量積累的時
期，同時也是我們繼 1940 年代通過對瓦鬲的研究之後，
再通過對仰韶文化的研究，進一步追溯中國文化和文明起
源，在認識上取得突破的一個時期。所謂突破，主要指：
一是對仰韶文化的認識提高到分子水平上，如同現代生物
學由達爾文的優勝劣汰發展到分子生物學；一是對類型的
重新界定。當時關於仰韶文化的研究課題集中於半坡類型
和廟底溝類型的年代早晚問題。實際上，半坡和廟底溝這
兩種類型不是仰韶文化先後發展起來的兩個階段，而是各
自發展又相互緊密依存的兩種主要變體。[3] 這是我們進一
步認識仰韶文化的基本特徵和它的社會發展階段、區系分
佈及源流的基本前提。

　　仰韶文化的各種因素紛繁龐雜，它的基本特徵是我們據以論證它堪稱中國文化起源重要源頭之一的主要因素。它的主要文化特徵包括：第一，特徵鮮明；第二，變化幅度大，節奏快；第三，從無到有，從有到無，序列完整。這些主要文化特徵的依據是泉護村遺址排出的四類八種陶器中，又篩選出的三組六種，它們是：兩種小口尖底瓶、兩種花卉和兩種動物彩陶圖案（圖 ❷ ❸）。

　　兩種小口尖底瓶（或稱酉瓶）：一種器口像壺罐碗盤（器上加器），我們暫稱它"壺罐口尖底瓶"，主要出在半坡類型遺存。一種器口呈雙唇（口上加口），我們暫稱之"雙唇口尖底瓶"，主要出在廟底溝類型遺存。這也是我們區分半坡、廟底溝兩種仰韶文化類型的典型器類。北首嶺遺址從下到上文化堆積層包涵的這種陶器清楚地說明，二者從發生學角度類似孿生兄弟，是平行成長起來的（圖 ❹）。從原型（唇部特徵還未顯露出來）到成熟（特徵部分充分發育），跨越年代約當距今六七千年間。

　　兩種花卉圖案彩陶盆：第一種是覆瓦狀花冠，屬薔薇科的玫瑰（或月季）；第二種是合瓣花冠（整體結構又稱盤

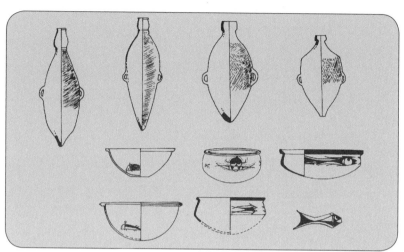

❷ 半坡類型典型器物形式組合序列。上是尖底瓶（酉瓶），中及下是
　魚紋彩陶盆。

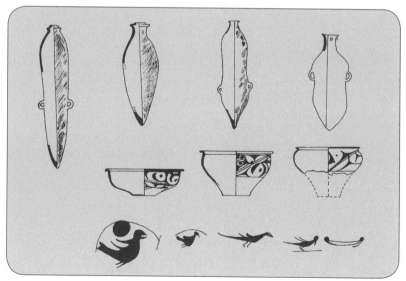

❸ 廟底溝類型典型器物形式組合序列。上是尖底瓶（酉瓶），中是彩
　陶盆，下是鳥紋。

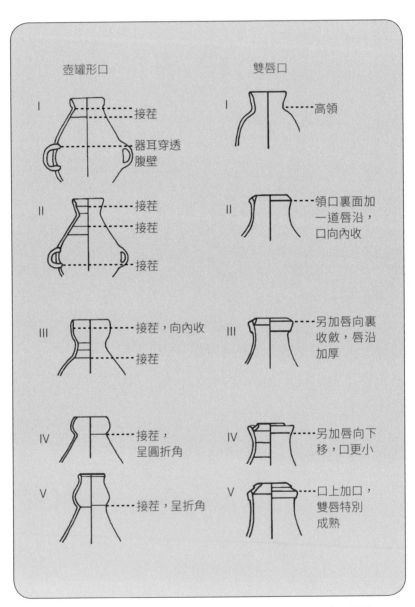

壺罐形口

I　接茬

　器耳穿透
　腹壁

II　接茬

　接茬

　接茬

III　接茬，向內收

　接茬

IV　接茬，
　呈圓折角

V　接茬，呈折角

雙唇口

I　高領

II　領口裏面加
　一道唇沿，
　口向內收

III　另加唇向裏
　收斂，唇沿
　加厚

IV　另加唇向下
　移，口更小

V　口上加口，
　雙唇特別
　成熟

❹　北首嶺遺址文化層出土壺罐形口、雙唇口瓶發展序列示意圖。

狀花序），屬菊科（花）。它們的完整的系列標本出自泉護村遺址。二者原產地都是中國。覆瓦狀花冠特徵鮮明，不需要幾筆就可勾勒出來（圖 ❺ ❻）。合瓣花冠的菊科，特徵同樣鮮明，"合瓣"猶如人的五指微屈，合攏一起，狀如勺形。這種"合瓣花冠"的表現技法不同於前者的"花冠"，不僅要表現它的"鈎屈"，更要突出它的"合瓣"。常用兩筆，外邊一筆表現"勺形"的底面，裏邊一筆表現"勺形"的外緣。為了使兩者清楚分別開來，我們不用"圓點鈎葉弧三角"這類約定俗成的術語，因為如統稱"鈎葉"，既沒有表現出玫瑰花的特點，更不足以表示出菊花的特徵。對於這個名稱，我們是經過長時間的斟酌，並請教美術工作者和植物學家之後才決定的。

兩種動物圖案彩陶盆（魚、鳥）：近似寫實的魚鳥合繪在一件陶壺（瓶）上，年代比較確切的出現在北首嶺中層，它們同圖案化的、兩者單獨畫在盆上的，意義有所不同。

從近似寫真到初步圖案化魚形彩陶盆見於北首嶺上層，和成熟形兩種小口尖底瓶共生。年代比較確切，約當距今 6000 年上下。

❺ 廟底溝遺址花卉圖案彩陶盆

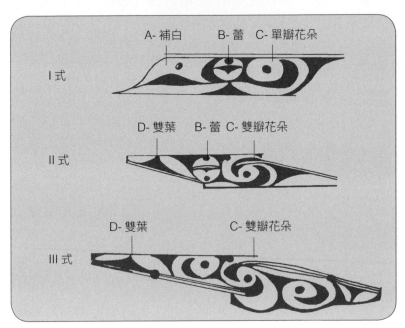

❻ 仰韶文化廟底溝類型玫瑰花圖案彩陶

　　半坡遺址包含魚形彩陶盆完整序列（從近似寫實到完全分解），跨越時間（包括壺罐口尖底瓶從成熟型到退化型全過程）約當距今六千年上下到距今五六千年間。

　　鳥紋圖案彩陶盆，從寫真到完全解體全過程標本出在泉護村，同雙唇口尖底瓶從成熟型到退化型全過程相當，年代約當距今六千年上下到距今五六千年間。

　　這三類六種的文化特徵因素，只在西起寶雞，東到伊、洛間的八百里秦川範圍內的仰韶文化遺址裏發展得最充分，顯現出從無到有的全過程，說明這八百里秦川才是仰韶文化發生、發展的核心地區。這三類六種因素中，除前述兩種酉瓶的原始形態首見於寶雞北首嶺下層，二者平行共生，後來一分為二，各有自己的發展軌跡以外，兩種彩陶花卉的盛行期，也是魚和鳥分別從具象到抽象的演化過程。兩者平行發展，魚變不成鳥，魚也不會變成花卉。菊科和玫瑰兩種花紋在泉護村遺址裏是平行發展的，在廟底溝遺址中就只看到玫瑰花的較完整序列，而菊科花紋就很少發現。如果我們沿用約定俗成的名稱，可以把以葫蘆口酉瓶和魚紋彩陶所代表的冠之以"半坡類型"，把雙唇口酉瓶和鳥紋彩陶所代表的冠之以"廟底溝類型",但這"類型"是被重新界定的概念,兩類型是同源且平行發展的。有些遺址發現了半坡類型在下,廟底溝類型在上的地層,這並不悖於我們的結論,因為廟底溝類型的較晚遺存可以在半坡類型較早遺存之上。此外,仰韶文化的三類六種陶器的部分標本,在八百里秦川之外的相當大的地區內都能看到,但都不成系列,有的有頭無尾,有的有尾無頭,或只具有某種形式的中間發展環節。這只能視為植根於關中的仰韶文化的影響所及。過去所謂仰韶文化覆蓋範圍北至大漠,南漸荊楚,西起甘青,東到魯西,把如此大範圍內有彩陶的遺存皆界定為同一仰韶文化,顯然不符合歷史真實。

經過這樣的界定之後,我們現在看到的仰韶文化大致可分為三個區系(支):

中支:主要分佈在隴海鐵路沿綫,以寶雞 —— 華縣 —— 陝縣為中心。寶雞到陝縣是仰韶文化的中心地區,仰韶文化的主要特徵文化因素,在中心地區經過了從發生到發展的全過程。介於陝縣 —— 洛陽間是崤山,仰韶村

仰韶文化東支簡化式
玫瑰花圖案彩陶罐

❼

正居中部，近年再次發掘材料證明，它的文化堆積同它的
東西兩大區系對照比較，確具中間性質，把它當作"模糊
界線"可以，把它和黃河對岸的山西垣曲古城新石器較早
階段遺存合在一起，單獨作為亞區系也無不可。

東支：可以大河村——王灣為代表，它們已缺乏中心
區系特徵因素中的大部分和其間的緊密聯繫，它們可以直
接同中心區系對照比較的一種特徵因素是玫瑰花圖案彩陶
盆，但並不完全相同，只有花冠（朵）部分，缺乏枝葉蕾
等部分，發展序列也自成一系。開始是用兩筆勾畫出覆瓦
狀花冠，中加圓點表示花蕊，兩側加弧形欄杆；圖形逐步
簡化，最後花冠部分變成"∞"形，兩側欄杆變為"χ"形，
說它們像羅馬字母的"S、X"倒也確切，但是，卻把它
的原始構思丟掉了（圖❼）。

　　西支：可以甘肅秦安大地灣遺址為代表，發掘者把遺址分為四期，曾暫用"大地灣一期、半坡、廟底溝、石嶺下"名稱表示年代順序和各期特徵。同中心區系對比，缺乏器物群組合邏輯的序列，它們各期名稱以及它們前後之間銜接環節尚待進一步分析。藉用四個遺址摞起來，雖不乏先例，但不能說明問題，因為這一支也不是沒有自己傳統的，或暫與中心地帶通稱西支。

　　由此看來，仰韶文化主要分佈範圍不出上述狹長地帶。三大區系間以隴山、崤山為其模糊分界線。三者淵源、特徵與發展道路不同，但它們可以中心區系為紐帶連接起來成為一體。

　　在確定了仰韶文化的"空間"即"區"的同時，還對它的縱向發展"系"（包括淵源和去向）作了考察。關中的仰韶文化跨越了距今 7000—5000 年的兩千年，以距今 6000 年為界，又可劃為前後兩期。仰韶文化有其根源，我們可稱之為"前仰韶"，即有人稱之為老官台文化者，時代在距今 7000 年前，我最初是從北首嶺下層認識它的。仰韶文化之後有個"後仰韶"，即有的被稱作廟底溝二期或某某龍山文化者，我用"後仰韶"代表該地區一個時代的遺存，時代在距今 4500 年左右的一千年間。這樣，八百里秦川的無文字可考的農業文化歷史就可分為四大期，即距今 8000 多年至 7000 年的前仰韶，距今 7000—6000 年的仰韶前期，距今 6000—5000 年間的仰韶後期和 5000 年後的後仰韶。我們之所以特別看重距今 6000 年這個界標，因為它是該區從氏族到國家發展的轉折點，從這時起，社會生產技術有許多突破，出現了切割石材成坯的新工藝，這是適應大批製作石器而出現石器生產工序專業化的反映。社會出現了真正的分工，隨之就有分化，人也就有了文、野、貴、賤之分。酉瓶和繪有固定的動植物紋樣的彩陶並不都是日常使用的汲水罐、盛飯盆之類，有的是適應專職神職人員出現而出現的宗教上的特需、特供。這兩類陶器在遺址出土看來很多，但能選出典型完整的標本就很少，這說明了它們並不是大量使用的日常生活用具。當然，這並不是說距今 6000 年前這裏已出現了國家，而是說氏族社會發展到鼎盛，由此轉而走向下坡路，進入解體時期，文明因素出現，開始了文明、國家起源的新歷程。

　　總之，從 1960 年代前期把對仰韶文化的認識提高到分子水平及對類型的重新界定使我們頓悟：不論是"修國史"還是要"寫續篇"、"建體系"，都必須走這條路，必須首先從對文化遺存作分子分析和對考古學文化做比較研究入手，確定哪些遺存屬於同一文化社會實體，各個文化群體各自經歷了一種怎樣的發展過程，它的原始公社氏族制度受何種動力的驅使發展到繁榮而又走向衰落，如何從氏族變為國家的，也就是在一個具體的考古學文化系統中文明因素如何出現，國家又是如何一步一步形成的。只有這樣，所寫的歷史才能符合史實，才能有血有肉，才能體現它的獨具特徵和它獨具的發展途徑。我們不能籠而統之、大而化之，把一般社會發展規律當成教條，添加些考古材料交差了事。我們對仰韶文化的重新分析研究，所得到的也只是秦川八百里地域上由原始氏族公社到國家這一大轉折前後的歷史，它不能代替中國大地上各地的文明起源史，但它卻是中國國家起源和中華民族起源史這座大廈中的一根擎樑柱。由此啟發我們，在 960 萬平方公里的中華大地上，不知有多少這樣的文化區系確確實實地存在過。

註釋

1　指 1929 年出版的郭沫若《中國古代社會研究》一書自序中提出的要寫《家庭、私有制與國家的起源》的續篇。

2　指尹達在北京大學歷史系給考古專業師生作報告時，提出的建立馬克思主義考古體系。

3　詳見《關於仰韶文化的若干問題》，《考古學報》1965 年第 1 期。

四 「條塊」說

　　1970—1980 年代是中國考古學發展走向成熟的轉折期，我們經過 1960 年代的摸索和解悟，終於找到一條有中國特色的考古學發展道路，一個帶根本性的學科理論，這就是"中國考古學文化區系類型學說"。"區"是塊塊，"系"是條條，"類型"是分支，科普界在介紹這一學說時，俗稱為"板塊"說，不過稱"條塊"說更貼切些。這是藉用了生態學的名稱和理論，即地球是一個整體，是千差萬別的，而又是互為條件的。

　　生活在中華大地上的 56 個民族的先人們，他們活動地域的自然條件不同，獲取生活資料的方法不同，他們的生活方式也就各有特色。當時，人們以血緣為紐帶，強固地維繫在氏族、部落之中，這樣，不同的人們共同體所遺留的物質文化遺存有其獨特的特徵也是必然的。就新石器時代考古文化來說，到 1970 年代，全國各地已發現的遺址數以萬計，早已不局限於 1930—1940 年代黃河流域的少數幾個地點，不少遺址已經過試掘和發掘，其文化面貌呈現諸多差異，已被命名的考古學文化有數十種之多，其中有些文化內涵、分期、年代等都了解得比較清楚，這就為提出區系類型理論創造了極為有利的條件。

從全國範圍來看，我們可以將現今人口分佈密集地區的考古學文化分為六大區系（圖 ❽），它們分別是：

1. 以燕山南北長城地帶為重心的北方；

2. 以山東為中心的東方；

3. 以關中（陝西）、晉南、豫西為中心的中原；

4. 以環太湖為中心的東南部；

5. 以環洞庭湖與四川盆地為中心的西南部；

6. 以鄱陽湖——珠江三角洲一線為中軸的南方。

六大考古學文化區系的劃分最早見諸文獻是在 1981年[1]。這一理論是經過一段很長時間才醞釀形成的，現在不妨再做一點回顧。

記得 1950 年代前期，我們在西安附近調查時，把所見遺存分別稱為文化一、文化二和文化三（圖 ❾ - ⓫），當時有人不理解，說這不就是梁思永的後崗三疊層嗎？不就是仰韶、龍山和小屯嗎？為此我同梁先生進行過切磋，我說這"文化一"是關中的仰韶文化，與後崗下層的仰韶文化不是一回事；這"文化二"（相當於龍山文化，後

❽ 六大考古文化區系示意圖

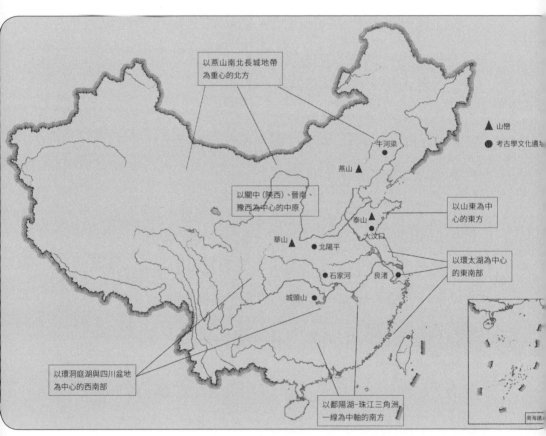

以燕山南北長城地帶
為重心的北方

▲ 山嶺

● 考古學文化遺址

牛河梁

燕山 ▲

以關中(陝西)、晉南、
豫西為中心的中原

泰山 ▲

以山東為中
心的東方

大汶口

華山 ▲ ● 北陽平

以環太湖為中心
的東南部

● 石家河   良渚

城頭山

以環洞庭湖與四川盆地
為中心的西南部

以鄱陽湖-珠江三角洲
一線為中軸的南方

南海諸

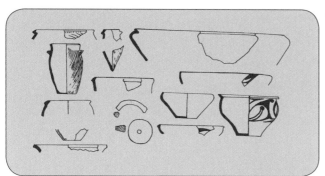

❾　文化一

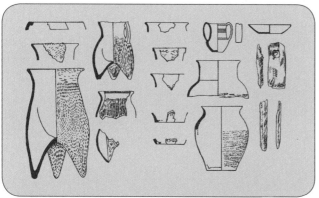

❿　文化二

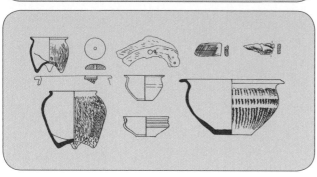

⓫　文化三

稱陝西龍山文化，或客省莊二期文化）與後崗中層的龍山文化也不是一回事，缺乏漆黑光亮、快輪製的典型黑陶；這"文化三"相當於商代，但與小屯不是一回事，不是殷的而是關中的，包括了先周文化，梁先生同意這一觀點。其實，1930—1940 年代整理鬥雞台資料時所產生的不同地區各有自己文化發展脈絡，商周不同源的想法，就應是這區系類型理論的萌發，而認真思考確是為解脫 1950 年代的困惑才開始的。1965 年《關於仰韶文化的若干問題》發表之後的幾年時間，包括"文化大革命"和去河南"五七"幹校期間，這一解悟過程仍在繼續。對仰韶文化的再研究，實際上起了個解剖麻雀的作用，可以說是這一學說形成過程中一個突破性標誌。我們通過對仰韶文化的再分析，把對考古學文化的認識提高到分子水平，對"類型"做了重新界定，這是一項理論突破，也是方法論上的突破。我們用研究仰韶文化所取得的新觀點、新方法去考察全國各地的史前文化遺存，如從 1960 年代前期起，對從山東到浙江的東南沿海地區史前文化的考察分析，澄清了把大汶口文化和太湖流域馬家浜文化、良渚文化也包括在內的大青蓮崗文化的不明確概念；1970—1972 年，對淮河流域的古文化特徵及其在聯結中原與長江中、下游地區史前文化的地位，進行過"業餘考古"和考察分析。回到"專業考古"崗位之後，1975 年前後給北京大學、吉林大學考古專業師生做報告時提出中國考古學文化劃分"塊塊""條條"問題，那可以說是第一次明確提出區系類型理論。1981 年 6 月在北京史學會的講話，除了更加系統地闡述區系類型學說，並首次提出了"建立馬克思主義的具中國特色的現代化的中國考古學"，即考古學上的"中國學派"的設想。

六大區並不是簡單的地理劃分，主要着眼於其各自的文化淵源、特徵和發展道路。這又集中體現於每一大區系中範圍不大的歷史發展中心區域與各區系內其他分支，即"類型"之間，又有着發展的不平衡性。同時各大區系間還會存在一些文化交匯的連接帶，各大區系不僅各有淵源、各具特點和各有自己的發展道路，而且區系間的關係也是相互影響的。中原地區是六大區系之一，中原影響各地，各地也影響中原，這同以往在中華大一統觀念指導下

形成的黃河流域是中華民族的搖籃，中國民族文化先從
這裏發展起來，然後向四周擴散，其他地區的文化比較落
後，只是在中原地區影響下才得以發展的觀點有所不同，
從而對於在歷史考古界根深蒂固的中原中心、漢族中心、
王朝中心的傳統觀念提出了挑戰。所以，區系類型學說一
提出，立刻在學界內外引起強烈反響，並很快推向全國考
古界。各地在工作實踐中體會到，考古學文化區系類型理
論一方面指導各地立足於本地區考古工作，着力於各地區
文化類型的劃分，淵源、特徵、發展道路、文化關係的分
析；另一方面更體會到，這是有效探索中華文化起源、中
華文明起源和統一多民族國家形成發展的一把鑰匙。一
時，各地考古工作和學術活動空前活躍起來，幾乎每個大
區系內都很快選擇了若干處典型遺址，積累了成批典型材
料，研究成果又集中反映在這一時期在各地召開的各有特
點的專題性學術研討會上。區系類型學說無論從理論還是
從實踐方面都在不斷深化。

(一) 以燕山南北長城地帶為重心的北方 (圖 ⑫)

燕山南北長城地帶是區系類型理論運用於實踐的重要試點。從 1982 年至 1986 年的短短五年時間,連續在北方幾省召開一系列有關北方地區考古的學術研討會 [2],其中在 1983 年朝陽會和 1984 年呼和浩特會上,都提出了"燕山南北長城地帶考古"這個專門課題,明確了廣義的北方三大塊:西北、北方和東北。狹義的北方則東以遼河為界,遼東、遼西各成區系。內蒙古中南部的河套地區與河曲地帶也各為區系。西部以隴山為界,隴西屬北方區系,隴東屬中原區系。又以遼西和內蒙古中南部為中心區系。

古文化的遼西區不同於現在行政區劃的遼西,它的範圍北起西拉木倫河,南至海河,東部邊緣不及遼河,西部在張家口地區的桑乾河上游,古"代王城"蔚縣一帶已接近該區域的西部邊緣。如果我們再把它歸納一下,即遼寧朝陽、內蒙古昭烏達盟(今赤峰市)、京津和河北張家口地區共四塊。這一地區自古以來就是宜農宜牧地區,既是農牧分界區,又是農牧交錯地帶。這裏文化發展的規律性

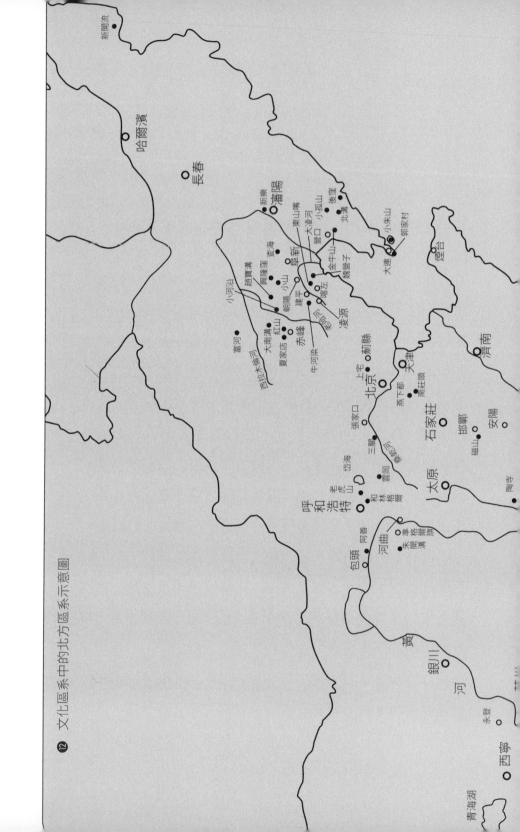

❷ 文化區系中的北方區系示意圖

突出表現在：同一時代有不同文化群體在這裏交錯。在
1960 年代工作基礎上提出的以燕山北側的昭烏達盟和朝
陽為中心的兩種新石器文化（即紅山文化和富河文化）、
兩種青銅文化（即夏家店下層文化和夏家店上層文化）曾
交錯存在。紅山文化與富河文化的交錯地帶在老哈河和西
拉木倫河一帶，以後又發現了同時共存的趙寶溝文化。距
今七八千年，屬先紅山文化的阜新查海遺址和敖漢興隆窪
遺址，相距不過 200 公里，也各有特點，説明這一地區不
同文化群體的交錯淵源甚古；夏家店下層文化和夏家店上
層文化也在赤峰附近交錯，其中夏家店下層文化城堡群的
兩種佈局及其所具有的防禦功能和關卡的設置（一種是大
範圍內的星羅棋佈，一種是邊緣地帶的連成一串），更典
型地反映了不同經濟文化類型、不同民族文化傳統人們
的相互補充、相互依存和在特定歷史條件下又相互衝突。
在部分地區，這兩對文化之間的關係是一先一後的。赤
峰附近小河沿、大南溝兩個屬於“後紅山文化”遺址的發
掘，還提供了紅山文化後期與夏家店下層文化相銜接的線
索（圖 ⓭‐⓰），富河文化與夏家店上層文化是否銜接尚

⑬　筒形罐

⑭　彩陶缽

⑮　塗朱黑陶豆

⑯　盂形器

無線索，但從這兩種文化的分佈範圍和時代來說也不無可能。它們之間的相互關係好像是海浪式的一進一退，輪流佔據這個地區的中心部分，紅山文化向南發展，富河文化代替，夏家店下層文化也發展到燕山以南。這種既有連續性，又複雜多樣，既反映在一定範圍內的擺動，在擺動中又有穩定性的規律，在商周時期以後表現得更為突出。

在青銅時代晚期（西周—春秋），長城內外曾存在過三種青銅文化交錯的現象，這就是靠近北部的夏家店上層文化以及與它接近的晚期青銅文化，靠近京津地區的接近周人的燕文化，介於兩者之間的朝陽地區大小凌河流域的魏營子文化又似乎是從夏家店下層文化直接發展而來的一種文化。到春秋之際或戰國早期，存在於長城地帶廣大地區的燕文化，特徵明顯但又有從前段的中間地帶直接承襲夏家店下層文化的線索，獨具特徵的"燕式鬲"，結構（袋式器體）恰恰同夏家店下層文化晚期鬲一脈相承（圖 ❶ ）；燕下都出土的大量所謂"饕餮紋"瓦當，也不能簡單理解為就是從殷周文化承襲而來，而可能與"燕式鬲"一樣，源於燕山南北的古老傳統（圖 ❶ ❶ ）。據《史記·燕世家》記載，作為戰國七雄之一的北方大國——燕，自稱是周召公之後，但中間卻有若干世系連不起來，這種情況曾使人百思不解，可是如果從考古學文化的角度進行分析，似可認為燕文化是從新石器時代開始，幾經周折且融合了當地幾種不同文化而形成的。

與遼西古文化區相鄰的內蒙古中南部作為又一段農牧交錯地帶，文化發展自然有與遼西區相似的一面，又有自身特點。這裏西部的河套和東部的河曲，包括岱海地區，在距今 6000 年前後都分佈有仰韶文化廟底溝類型的

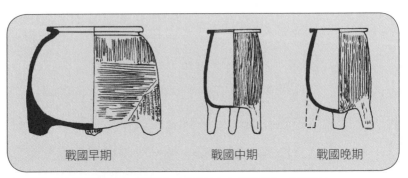

| 戰國早期 | 戰國中期 | 戰國晚期 |

⑰ "燕式鬲"的結構，與夏家店下層文化晚期鬲一脈相承

⑱ 饕餮紋瓦當

燕下都大量饕餮紋瓦當，不能
簡單理解為從殷周文化承襲而
來，同燕式鬲可追溯到夏家店
下層文化一樣，燕瓦當也是燕
山南北古老傳統。

⑲ 燕下都宮殿區中心建築 —— 武陽台

北支，說明它們有着共同淵源。距今 5000 年前後則一分為二，河套地區以阿善二期為代表，它的彩陶紋飾如魚鱗紋、三角紋、菱形格子紋等同以前沒有繼承關係，退化到末期階段的小口尖底瓶則說明它是前期階段的延續。到距今 4000 年前後以阿善三期為代表，缺乏袋足類陶器，卻有一定比例的彩繪陶。而河曲地區以準格爾旗的幾個地點為代表，在距今 5000 年前後出現末期小口尖底瓶與尖底腹罂共生，已是鬲的原型。距今 4000 年前後以朱開溝遺址為代表，下層已出現早期銅器（銅指環），上層與商代銅戈共出有具北方特點青銅器。河曲地區向東，則與晉北、冀北相連，在蔚縣三關遺址不僅發現末期小口尖底瓶與尖底腹罂共存，還發現有仰韶文化廟底溝類型玫瑰花圖案彩陶與紅山文化龍鱗紋彩陶共存（圖 ❷⓿ ❷❶），說明張家口地區是中原與北方古文化接觸的"三岔口"，又是北方與中原文化交流的雙向通道。我們曾把從河曲岱海到晉北、冀北稱為一個"金三角"（仿下面提到的遼西建平、凌源、喀左三縣鄰界地帶發現的紅山文化為"金三角"），因為這裏不僅是中原仰韶文化與北方紅山文化結合的花朵，又是中

⑳ 仰韶文化廟底溝類型彩陶盆　　　　㉑ 紅山文化彩陶罐

圖 20～21：河北省張家口地區桑乾河
上游，發現了仰韶文化與紅山文化一南
一北相接觸的證據。

原距今 5000 年前後一次巨變的風源，還是鄂爾多斯青銅
文化的搖籃，所以，其重要性並不亞於遼西古文化區。

　　這裏再討論一下鬲的起源問題。對於這種被譽為中華
古文化標準化石的鬲是如何產生的，一直是讓我困惑的一
個問題。安特生曾提出過鬲的起源是由三個尖底器結合而
成的假說。我在《瓦鬲的研究》一文中也曾就袋足鬲起源
的時間、地域做過推論，但長期以來卻找不到可以說明問
題的典型標本。1984 年在內蒙古呼和浩特市參觀一批近
年在伊克昭盟（今鄂爾多斯市）準格爾旗兩個地點發現的
兩件晚期小口尖底瓶（一件完整器、一件殘片）和兩件尖
底腹斝殘片（圖 ㉒ ㉓），特別引起我們注意的是：兩件小

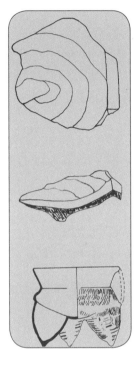

㉒ 河曲地區尖底瓶標
　本 (左圖)
㉓ 河曲地區尖腹底斝
　標本 (右圖)

口尖底瓶底部內壁結構的細部變化與尖底腹斝的細部變化
幾乎一樣，這使我們似乎可以肯定兩者間曾共存交錯。值
得重視的現象是：第一，該地區晚期小口尖底瓶既屬常見
器物，且發展序列完整，這同中原地區 (特別是在晉南一
帶) 沒有甚麼不同；第二，該地區較突出的一個特徵因素
是蛋形甕，它數量多，變化快，序列完整，在"北方"範
圍內與其他地區有所不同 (圖 ㉔)；第三，我們在蔚縣西
合營見到幾件尖圓底腹斝，實際上，從器體部分觀察，它

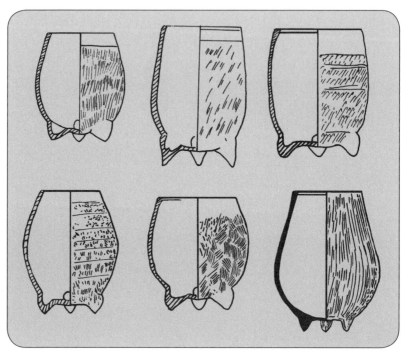

㉔ 三足蛋形甕

下右為河北蔚縣出土，其餘的都出土於內蒙古準格爾旗朱開溝

屬於蛋形袋足甕。據此，我們還可做進一步猜想：兩者間曾經經歷過從尖底瓶與蛋形甕共存，過渡到尖底瓶、三袋足尖腹底斝與三袋足蛋形甕共存，再過渡到三袋足蛋形甕與三袋足圓腹底斝共存幾個階段。源於關中，作為仰韶文化主要特徵器物之一的尖底瓶，與源於河套地區土著文化的蛋形甕結合，誘發了三袋足器的誕生。我們曾經長期注意，寄希望於中原地區是否也有這種現象。1985 年 11 月

間在山西侯馬市區北部一處遺址試掘,發現一件可以復原的籃紋侈平沿、尖圓底器,很像北方河曲地區出的尖底斝的腹部。我曾想,如果中原地區的人們把另三件同類尖底器安在它的腹部,合成一器,不就是斝了嗎?但事實上,我們沒有找到這類殘片的蹤影。看來,三袋足器的誕生,源於何時、何地、何條件促成,這個長時間使考古學者感到困惑的問題的謎底可能就在北方的河曲地帶這一角。三袋足器的發源地不在中原而在北方的重要意義在於,把源於中原的仰韶文化更加明確無誤地同青銅時代的鬲類器掛起了鈎,而這一關鍵性轉折發生在北方區系,是兩種淵源似乎並不相同的文化的結合或接觸條件下產生的奇跡。

對燕山南北長城地帶進行區系類型分析,使我們掌握了解開這一地區古代文化發展脈絡的手段,從而找到了連接中國中原與歐亞大陸北部廣大草原地區的中間環節,認識到以燕山南北長城地帶為重心的北方地區在中國古文明締造史上的特殊地位和作用。中國統一多民族國家形成的一連串問題,似乎最集中地反映在這裏,不僅秦以前如此,就是以後,從南北朝到遼、金、元、明、清,許多"重頭戲"都是在這個舞台上演出的。

(二) 以山東為中心的東方 (圖 ㉕)

如果說燕山南北長城地帶考古區系的建立，主要是依據近 10 年的工作，那麼山東地區的工作基礎便要好得多。1930 年代初，中國老一輩考古學者根據山東省章丘縣龍山鎮城子崖及其他同類遺址的發掘材料，結合河南安陽後崗遺址發掘的"仰韶、龍山與小屯"的三層文化遺存疊壓關係，不是簡單地把它們看作類似三代人那樣的垂直關係，而是把它們區別開，分立"戶頭"，這就意味着把以位於山東的"城子崖"、位於河南的"仰韶村"和"小屯"為代表的三種文化遺存並列起來，這和同時代中國一些史學家提出的"夷夏東西"或"三集團"諸學說的思想脈絡是大體相似的。我還記得，當 1945 年抗日戰爭勝利後，我從昆明回到北平看望梁思永先生時，他曾同我談起，他讀了徐旭生先生的《中國古史的傳說時代》，他說徐先生提出了"三集團"一說，他也有他的"三集團"想法。很遺憾，

四　"條塊"說

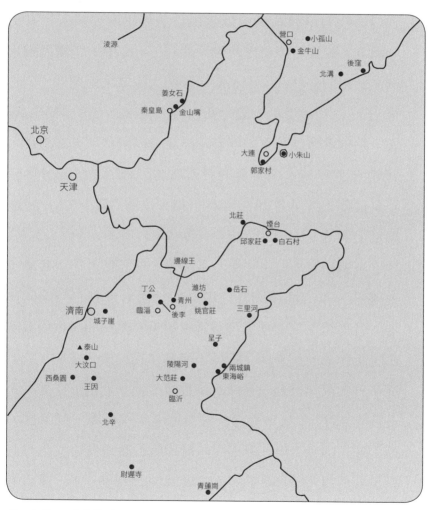

㉕　文化區系中的東方區系示意圖

他當時沒有同我再深入地談出它的具體內容如何。1965
年我在《關於仰韶文化的若干問題》一文中,曾用圖解形
式試圖說明包括江、淮、河、漢四大流域地區幾個不同方
面史前文化之間在一個時期內相互接觸所起的作用的論
點,這同前輩諸先生的啓發不能說沒有關係。同樣道理,
1950 年代以來,山東省的史前考古工作的一大部分內容
也是主要圍繞早在 1930 年代已經提出的"龍山文化"這個
課題展開的。

　　不過山東地區古文化也不僅是一個整體,山東半島自
然地理、人文條件既有它內向的一面,也有它外向的一
面,各地塊在整個歷史發展過程中是有差別的。把山東龍
山文化作為一個整體,把城子崖當作它的典型遺址,或把
北辛─大汶口─龍山看成一條單線,都只能增加混亂。為
此,從 1977 年起,就提出煙台地區或萊州灣、膠東應另
成區系[3];1981 年,提出膠州灣附近的魯東北古文化也有
別於魯西南[4];1988 年,正式提出"青州考古"與"膠東考
古"的課題[5]。

　　關於山東地區古文化的淵源,魯西南臨沂地區沂源縣

發現一處屬舊石器時代早期古人類化石地點，臨沂縣和郯城等地發現幾處屬舊石器晚期到新石器時代早期的細石器地點，濟寧地區兗州西桑園和滕縣北辛等地發現屬於新石器時代初期（可以早到距今 7000 年前）農業村落遺址等，它們之間可能存在某種淵源關係，而其文化特徵同其他相鄰省、區所發現的相應階段遺存有着明顯差異。

　　圍繞泰山的魯西南大汶口文化和龍山文化遺存分佈密集，是中國一個重要古文化區。這裏的北辛－大汶口－龍山文化是自成系統的。北辛是類似磁山、裴李崗文化那樣單獨存在的代表，王因遺址的下層則類似北首嶺下層那樣提供了兩者間銜接關係的線索，而在大汶河北岸遺址則找到了王因－大汶口兩者相銜接關係的線索，這樣就可把大汶口文化的上限推至距今 7000 餘年。我們可以從器物的形態上看到，北辛的典型器類如堆紋帶腰釜跟王因等大汶口文化中的釜形鼎的發展序列相互銜接。這種鼎一直延續到大汶口文化的後期，是大汶口文化的代表性器物之一。北辛發現的三足杯不僅與王因遺址的三足杯可以銜接（圖 ❷⑥），而且大汶口文化中的三足杯和它後期出現的

❷❻ 王因遺址三足
觚形杯

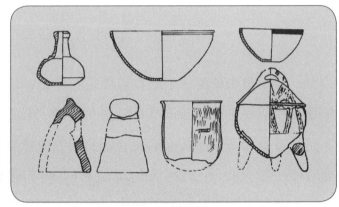

❷❼ 北辛遺址陶器

高腳杯，都與龍山文化中常見的黑蛋殼陶杯可以連接起來
（圖 ❷❼ - ❸❶ ）。至於鬶的變化，是從實足變為空足和袋足。
在大汶口文化的中晚期，這三種器型曾共存過一段時間，
後來，到了龍山文化時期，鬶的器形才變為空足和袋足兩
種（圖 ❸❷ ）。由於在幾種器類上能看到這樣一些變化，因
而使這兩種文化之間本來模糊的關係逐漸清楚了。除了陶
器以外，生產工具中以出土大量石鏟而引人注目。這裏出
土的石鏟從早到晚，由厚變薄，越做越精。不過，綜合這
一地區的文化遺存，可以看到兩者的活動中心並不完全一
致。大汶口文化的分佈以泰山為中心，龍山文化最初發現
的蛋殼陶雖然是在歷城的城子崖，但它的老家卻在魯東的
臨沂、昌濰地區。只有在那裏可以看到大汶口文化和龍山

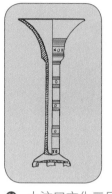
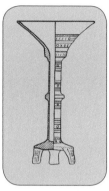

㉘ 大汶口文化三足杯（王因遺址）

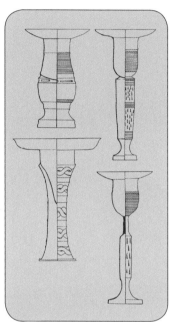

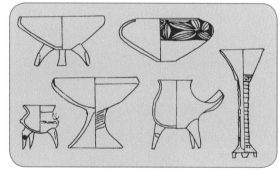

㉙ 龍山文化高足杯（諸城
呈子）

㉚ 早期大汶口文化陶器

㉛ 尉遲寺遺址黑陶高足杯（右）及
帶蓋鏤孔豆（左）

㉜ 西夏侯墓地袋足鬶

❸❸　三里河遺址黑陶罍（左）和黑陶盒（右）

文化的銜接點。

　　昌濰地區，即以山東膠州灣附近地區為中心，包括了
除膠東半島以外的魯東北大部分地區，或者說以現在的濰
坊地區東半部近海條形地帶為中心，這一地區的新石器文
化，以臨沂大范莊、日照兩城鎮、東海峪、諸城呈子、前
寨、濰坊姚官莊、膠縣三里河等典型遺址為代表，同魯西
南相比，從大汶口－龍山文化兩者間前後連貫、一脈相承
的傳統格外清楚，兩者間各自的文化特徵以及演變過程的
階段性同樣清楚（圖 ❸❸）。這是我們最初把這一地區同魯
西南區別開來的主要依據。1988 年在臨淄看到鄒平、廣
饒、臨淄、張店和青州新出土的考古標本，東西跨越不

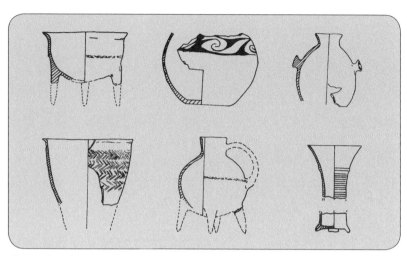

❸❹ 長島北莊一期陶器

到 100 公里,年代距今 7000—2000 年,上下跨越近 5000
年。其中相當於北辛文化典型器類是飾乳丁或壓印、刻
劃人字紋、鋸齒紋。類似的壓印或刻劃紋最近的是長島
北莊的直筒缸(圖 ❸❹),較遠的則是遼寧後窪、岫岩北溝
和瀋陽新樂遺址下層等,自身特徵鮮明;相當大汶口文化
的鄒平西南莊遺址特徵器類之一鼎的雙耳包括:乳丁狀
瘤形,雙耳呈齒狀、錯位、鋬手形狀不對稱,一耳向上傾
斜,一耳向下傾斜,有彩繪。另出一片彩陶,繪雙鳥在水
上比翼齊飛;與大汶口文化關係僅屬相互影響而非嫡親近
親,應獨立開戶;相當龍山期的臨淄桐林一個單位,出土
一組大型精緻陶器,包括一件大型陶甗,帶蓋,體型為釜

狀，另接裝三大袋足，痕跡清晰；相當龍山期到岳石期的青州郝家莊、鄒平丁公、臨淄東古特徵器為圜底盆，盉形器體下接三袋足的鬲；臨淄東古一組相當於商周時期的墓葬，出土的鬲類包括殷式、周式和本地"青州式"共存（圖 ㉟-㊲）；又一組墓相當西周到春秋戰國，出土的鬲除"青州式"外，還有燕式。使我們感到驚訝的是，在這東西不足 100 公里之內的齊國都城附近，上下跨越幾千年間，竟能既與周圍保持多方位的文化接觸聯繫，又長期保留自成一系的文化特色。齊國政治中心也就是古青州地。然則青州與齊就是一家人？齊與燕文化有多種牽連，自不待言，同時商周文化影響淡薄，東北方夷文化也有一定程度反映。周初分封姜齊，史稱"因其俗，簡其禮"，看來指的就是保留青州古文化習俗。春秋戰國時期，齊號稱大國，文化發達，政治開明，既富且強。僅從這批材料來看，齊人文化確是源遠流長，自成一系，同時，從一開始就從海上與遼東相連，從陸上和殷、周、燕交通，兼收並蓄，很不尋常。所以從區系考古角度看，青州考古應作為專門課題。

以萊州灣沿海地區為中心的膠東地區，考古工作起步

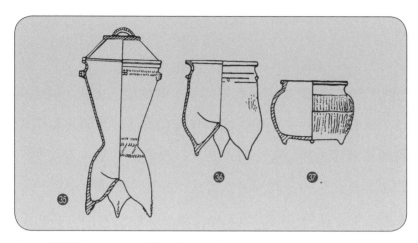

㉟ 臨淄桐林田旺陶甗（龍山期，距今 4000 年）

㊱ 圜底釜類器接三袋足：鄒平丁公陶鬲（岳石期，距今 3000 年）

㊲ 圜底釜類器接三實足跟：臨淄兩醇陶鬲（春秋戰國，距今 2000 年）

雖較晚，但典型遺址已可按年代大致排出順序：約當距今 7000—6000 年的煙台白石村遺址下層與魯西南的北辛遺址遙遙相對，此後為相當新石器時代中期的福山邱家莊和長島北莊（山東省內現今唯一全部揭露出來的原始文化村落遺址），屬新石器時代晚期的棲霞楊家圈、牟平照格莊，它們的主要序列陶器種類有鼎、乳釘狀（或蘑菇狀）把手筒形釜等（參見圖 34），明顯區別於山東大部分地區的大汶口－龍山文化系統，卻在當地銅器時代仍保持了這種乳釘把手的傳統痕跡 —— 在同類器上加有泥餅。這一地區從距今 7000 年起，到距今 3000—2000 年止，上下近

5000 年，從原始社會到商周時期，從整體上來看，前後相承，比較連貫，文化傳統的自身特徵鮮明。不管每個階段和周圍地區對照比較，有多少千絲萬縷的聯繫，那說明它們並非孤立，而是同周圍人群交流中相互影響，是同步發展的，絕不是落後的角落，更不是"北辛—大汶口—龍山"序列的邊緣地帶。山東發現的商周青銅器地點，以膠東一帶為最多，煙台地區 17 個市縣中，有 13 個發現了商周青銅器，就很說明對這一地區生產力發展水平不能低估。如與隔海相望的遼東半島的旅順郭家村和長海廣鹿島等地的出土物相比較，卻可發現它們之間有許多相似之處，例如，在長島缺乏農耕工具，而大量使用鮑魚殼做工具，甚至打製或磨製的石刀，形制也與鮑魚殼相近似，這種工具既利於切割，也便於刮削，遼東半島的那幾處遺址雖似缺乏用鮑魚殼製作的工具，但是卻大量出土類似前者的石刀，這種情況應當與當時的生活方式相同有關，從而說明兩地在民族文化傳統上的淵源及其密切關係。考慮到這兩個半島作為中國腹地與中國東北部以及東北亞之間的重要通道，在中國古代的特殊地理位置和特殊作用，把膠東考古作為又一個專門課題,就並非次要問題了。

(三) 以關中、晉南、豫西為中心的中原 (圖 ❸)

與包括北方區系,甚至山東區系在內的周圍地區相比,中原地區自然是考古工作做得最早、最多的地區,從三代至三代以前到秦統一的"逐鹿中原"的形勢,也使這一地區的文化面貌最為複雜。現在所稱的"中原古文化",在中國考古學中只能算作我們為了研究的方便而約定俗成的一個暫設的"區系"概念,還說不上是經過科學論證的考古學術語。其範圍大致包括關中(陝西)、豫西和晉南一帶。對於這個考古學文化區系概念的形成,我們應該歷史地看,它是對若干年來西起甘(肅)青(海),東至山東一線考古工作成果進行總結得出的一種"暫設"的認識。這個認識的依據,我們在前一章"解悟與頓悟"介紹仰韶文化研究成果時已談過一些,這裏不妨再歸納為以下幾點:

第一,陝西、甘肅兩省間隔着六盤山和隴山這樣一條

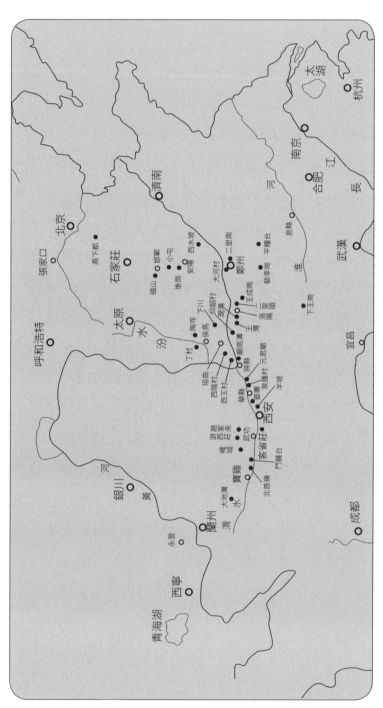

38 文化區系中的中原區系示意圖

不清晰（模糊）的界線（文化的）。隴山東西兩側古文化的
發展道路是有差異的：在東側，仰韶文化之後發展起來的
是以客省莊二期為代表的新石器文化；在西側，仰韶文化
之後發展起來的則是馬家窯文化和有關諸類型以及齊家文
化。這一地區青銅文化的類型更加複雜。但要指出的是，
這裏進入青銅時代的時間並不晚於商代，可以認為它是中
國又一個較早發明青銅器的地區，是周、秦的老家。因
此，在考慮隴山兩側古文化的淵源時，如果簡單地歸為同
源並不妥當。

第二，豫東（鄭州以東），魯西（大運河以西）間也存
在一條不清晰（模糊）的界線（文化的），中原區系與以山
東為中心的東方之間的界線要在這裏尋找。

第三，寶雞—鄭州間是仰韶文化的主要分佈地帶，連
成一片，並保持同步發展。這也包括隔黃河對應的晉西
南、晉中和晉東南地區。

第四，在上述範圍內又可劃分出兩個區系，其一，
可暫稱中區（支），約在寶雞—陝縣間；其二，可暫稱東
區（支），約在洛陽—鄭州間。中區（支）包括仰韶文化發

展的核心區,可分為半坡和廟底溝兩個仰韶文化代表性類型。

第五,位於上述中、東兩區系(支)之間的洛陽—陝縣一段(大致與老函谷關—新函谷關之間相當),也就是以仰韶村遺址為代表的文化類型,除了和中、東兩區系(支)部分文化特徵相似,並具同步發展的過程以外,如果把它同隔黃河對應的山西垣曲一帶連成一氣,它自身並不乏明顯地區別於中、東兩區系(支)的特徵因素,很可能自成一系。1981—1982 年河南的同行在仰韶村遺址做了工作,挖了 200 平方米,分了幾期,左與關中、右同洛陽比較,各是各的,面貌不一樣,不完全是"混合文化",有"混合"的一面,也有自己的一面,特徵突出。

以上跨越的空間,大致西起甘肅東部,東至河南中部的鄭州,中間穿過陝西關中(渭河盆地);跨越的時間大致上起距今 7000 年前後,下至距今 5000 年前後;中心內容是仰韶文化。其中大致距今 7000 年前後,西端(隴東)的秦安大地灣下層,相當於"前仰韶文化"時期,與仰韶文化中心區的中支寶雞北首嶺下層(底部)"前仰韶文化”遺存和東支鄭州大河村下層（底部）“前仰韶文化”遺存之間相比較，三者雖有一些相似的文化特徵因素，但我們暫時還沒有探討它們之間親緣關係的條件；大約距今6000年前後，是相當於仰韶文化的前後兩大期；大約距今5000年，則是相當於“後仰韶文化”時期。

關於這一地區古文化的淵源，有些現象是很重要的。如丁村遺址中的出土物，與山西境內其他不同時期的舊石器時代遺存在文化面貌上有不少共同之處，有趣的是丁村遺址（汾河西岸）中也有細石器，層次關係清楚，距今26000年以上，是迄今發現的最早細石器。它與沁水下川的細石器遺存在文化面貌上也有連續性。尤其值得注意的是，無論中條山北側的西陰村，還是南側的東莊村、西王村以及垣曲境內發現的仰韶文化遺存中，除其他特徵有相似之處外，都含有細石器。這或可說明山上山下的文化之間具有承繼關係。至於仰韶文化，雖然河北武安磁山、河南新鄭裴李崗或華縣老官台都發現了距今七八千年的較早遺存，為探討仰韶文化的起源提供了線索，可是迄今只有寶雞北首嶺遺址的下層遺存，從地層與器物兩個方面提供了較直接的可資討論的資料。

從距今 7000 年的仰韶文化早期到距今 5000 年的仰韶文化晚期階段所經歷的發展、變異、融合和演變的全過程，以及從仰韶文化過渡到"客省莊二期文化"，從客省莊二期文化到周文化，正存在着文化傳統的連續性。

青銅時代，現在的河南成了當時政治活動的中心。夏、商兩族曾在那裏交錯存在。目前對這一地區的商周文化認識比較全面，但對夏和先夏、先商以及先周文化的認識遠不夠清楚。對於和它們同時存在的其他文化的遺存，也還不易辯認和區分。但是，對夏、商、周三者在文化面貌上各具特徵以及各有淵源和其發展序列這一基本情況，則已有了較為清晰的認識。對於中原地區來說，夏、商、周都是"外來戶"，大約先周與西部有關，夏則有源於東南方的線索，商人則認東北為老家。所以，把黃河中游以汾、渭、伊、洛流域為中心的地域，稱作中華民族的搖籃並不確切，如果把它稱作在中華民族形成過程中起到最重要的凝聚作用的一個熔爐，可能更符合歷史的真實。

(四) 以環太湖為中心的東南部 (圖 ❸)

　　與北方區系、中原區系並列為三大區系的東南沿海地區，因為面向海洋，古代文化有不少共同因素，同時對中國社會歷史與民族文化諸特徵的形成一直起着重要作用。就新石器時代來說，這一地區諸原始文化中普遍流行穿孔石斧、石鉞、有段石錛、圈足陶器、三足陶器，這一地區諸原始文化的社會發展，普遍具有比較明顯的階段性和大體上的一致性。它們在這一時期對中國其他人口密集的廣大地區的影響、作用是顯而易見的，如流行於全國廣大地區的以"鼎、豆、壺"組合而成的禮器、祭器就是淵源於一地區。但這只是問題的一面，還有另外一面，那就是中國東南沿海地區的新石器諸文化，儘管它們呈現出許多相似之處，存在明顯的共性，這只能說在當時它們之間具有比較密切的聯繫，而不能說它們屬於某一個人們共同體。它們之中各個地區、各個塊塊的社會歷史文化的發展，必然還是在它們各自的一定範圍內，按照各自的社會關係和文化傳統而向前發展的。它們之間的互相影響、作用應該

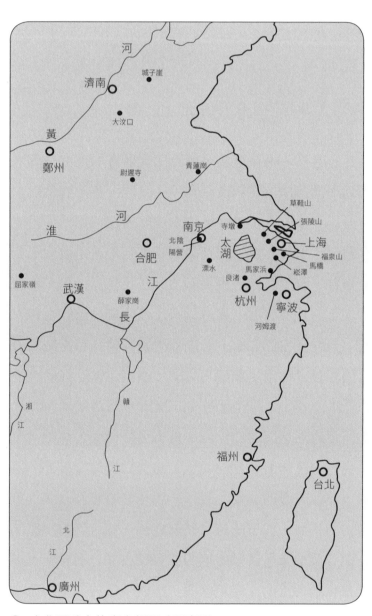

❸❾ 文化區系中的東南部區系示意圖

重視，但總是次要的，排在第一位的應該還是它們各自如
何發展。

以環太湖為中心的東南部，包括長江下游的江蘇、上
海、浙江、安徽，是東南沿海地區與山東並列的另一重
心。這一地區是"考古學文化區系類型學説"提出前後，
學術討論最活躍，也是爭論最多的一個區系。1977 年在
南京召開的"長江下游新石器時代文化學術討論會"，可
以説是有關考古學區系類型的第一次專題性會議，接着就
有 1981 年以東南沿海古文化為專題的中國考古學會第三
次年會和 1984 年"太湖流域古動物古人類古文化學術座
談會"。從把山東、江蘇、浙江古文化都包括在內的"大
青蓮崗文化"，到分為江北、江南兩區，江南又分出寧鎮、
太湖兩區，再到太湖流域又可分出若干小區的認識過程，
説明區系類型學説在這個地區深入是比較快的，效果也比
較顯著。目前，以太湖流域和寧鎮地區這兩個區系比較明
顯。圍繞洪澤湖、淮河下游包括蘇、魯、豫、皖鄰境地區
以及浙南地區考古文化區系的建立，也已提上日程。

太湖地區東臨海，北到長江，西到茅山山脈，南達天

目山山麓，這三四萬平方公里是一個考古文化實體。太湖地區積累材料較多，對它的重要性的認識也比較清楚。對這一地區古文化遺存的認識過程與黃河下游的山東地區很相似，山東是先認識龍山文化，後認識較早的大汶口文化和更早的北辛文化的，這裏也是先認識時代較晚的良渚文化，後認識時代較早的馬家浜文化。1930年代施昕更發現良渚遺址，他已認識到太湖流域古文化有特色，稱得起是開拓型人物。當時衛聚賢等倡導的吳越史地研究會，時間不長，活動不多，抗日戰爭爆發後就沒有下文了，但這也說明它的發起者已清楚認識到吳越史地作為專門課題的重要性。良渚遺址發現之初被歸入龍山文化，認為比龍山文化晚，這和當時學科還在初創階段有關。現在我們依據田野考古工作突破性成果，已可將太湖流域從距今7000年到距今4000年前後的新石器文化和青銅文化排出發展序列了。吳縣草鞋山、張陵山等地提供的地層關係以及後來在桐鄉羅家角的發掘，說明這裏的文化發展序列為：馬家浜文化—良渚文化—青銅文化（古吳越）。這是在覆蓋面基本一致的條件下，從距今七千年的馬家浜文化到距今天四五千年的良渚文化再到西周以前的古吳越文化,它們上下年代可以連貫起來,自成體系。馬家浜文化中的陶器自有其組合,如寬平沿腰帶的釜,有類似腰帶的鼎,豆、壺以及大穿孔石斧(鉞)等(圖 ❹)。中期階段可以青浦崧澤遺址的主要遺存為代表,再後是良渚文化(圖 ❹)。以溧水神仙洞為代表的洞穴堆積,則為搜索這一地區新石器文化早期遺存提供了線索。

圍繞太湖附近,古文化遺址分佈相當密集,它們在各個不同階段中分佈情況是否有規律,也需要考慮。我們注意到包括馬家浜—良渚文化的多層堆積集中分佈在太湖東北側,在太湖東南側則良渚文化比較發達,位於太湖西南側的浙江嘉興地區則發現商周青銅器地點較多,有的出在良渚文化—幾何印紋陶遺址附近。這類遺址多是幾何印紋硬陶與釉陶或原始瓷的特徵更為明顯。我們或又可以把環太湖流域分成為三個小區系:蘇松地區(蘇南)、杭嘉湖地區(浙江北部)和寧紹平原(浙江東北部)。蘇松地區以常州為界與寧鎮地區相鄰;浙江北半部、杭州灣南北兩側的兩大平原 —— 寧紹平原和杭嘉湖平原,兩者既各具特

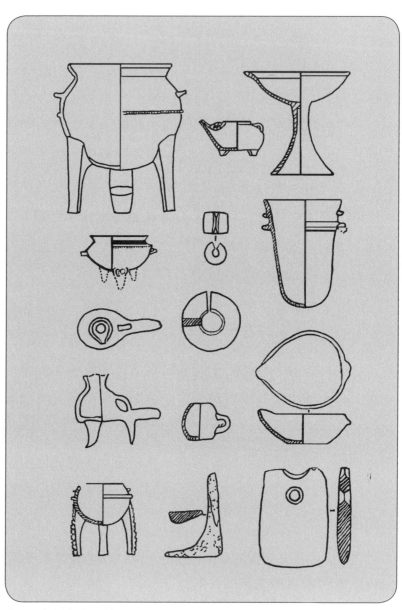

㊵ 馬家浜文化器物

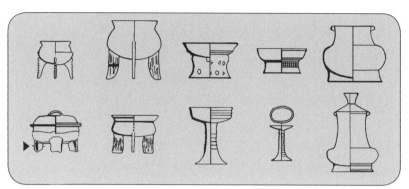

❹ 良渚文化陶器
上：早期陶器　下：晚期陶器

徵互相區別，又關係密切。

　　以上太湖流域三個小區系之間關係比較緊密，而同寧鎮地區的關係比較鬆散。例證之一是寧鎮地區出土的炊器典型器類是鼎，而太湖流域三個小區系出土的炊器典型器類是釜，其中蘇松地區的陶釜又可分為兩種（圖**❹**），它們各有自己的發展序列（以吳縣草鞋山為代表）。這三個小區系陶釜的成型方法又可分為四種，除其中一種可以名之為"原始型"外，其餘三種應分屬於三塊，各自成完整的序列。因此，我們似乎可以給它們分別命名為"河姆渡型"（浙東北）、"馬家浜—羅家角型"（浙北）和"圩墩—草鞋山型"（蘇南）（圖**❹**）。

　　這裏還要特別提一下寧紹平原。這一區系的早期遺

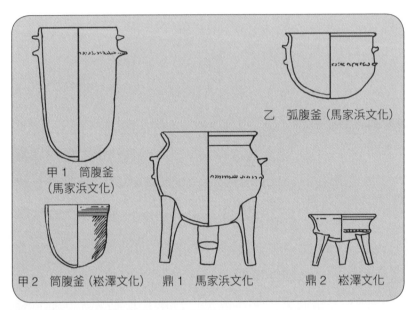

乙　弧腹釜（馬家浜文化）

甲1　筒腹釜
（馬家浜文化）

甲2　筒腹釜（崧澤文化）　　鼎1　馬家浜文化　　　鼎2　崧澤文化

❷　兩種釜及其發展趨勢（草鞋山遺址）

存以餘姚河姆渡下層為代表，時間與馬家浜文化相當，它
的文化特徵明顯（圖 ❹ 、圖 ❺），除了"河姆渡型"有子
母口、支墊的圓底釜以外，還有水器為帶流的盉，它們都
各有其變化系列。生產工具也很有特色，如骨耜和小型的
石鑿、石錛等（圖 ❻）。馬家浜文化中多見的大石斧鉞，
這裏僅在後期出現，這種文化可能自有淵源。種種跡像表
明，在稍後階段，這裏與太湖地區古文化更為密切，這一
地區也有良渚文化和幾何印紋陶的遺存，而且越到後來，
兩者的關係也越密切。

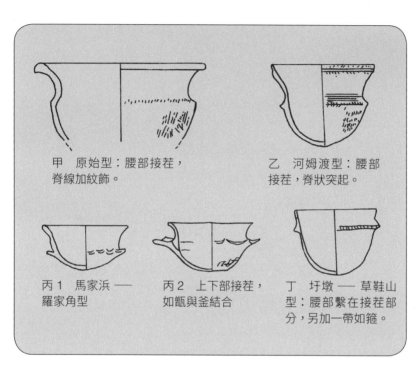

甲 原始型:腰部接荏,
脊線加紋飾。

乙 河姆渡型:腰部
接荏,脊狀突起。

丙1 馬家浜 ——
羅家角型

丙2 上下部接荏,
如甑與釜結合

丁 圩墩 —— 草鞋山
型:腰部繫在接荏部
分,另加一帶如箍。

❹❸ 從腰部結構劃分的兩種釜 (羅家角遺址)

❹❹ 陶釜 (河姆渡遺址)

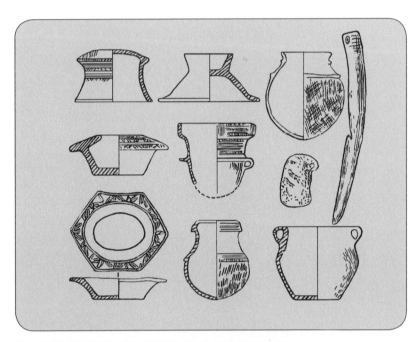

河姆渡遺址第四層（下層）出土的陶器和骨器

　　可見，環太湖流域在建立文化發展序列和劃分小區系的基礎上，還有許多工作要做。如（一）尋找早於馬家浜文化，並與之有關的早期新石器─中石器時代的遺存；（二）馬家浜文化中圩墩、羅家角、馬家浜、草鞋山都是一條板凳上的兄弟，有共同因素、共同淵源，走過一條相似道路，它們都有腰沿釜，但從它的"原型"發展為形制特徵各不相同的幾個支系，需要再做工作，課題可以叫"馬家浜諸文化"（仿"紅山諸文化"）；（三）馬家浜文化是

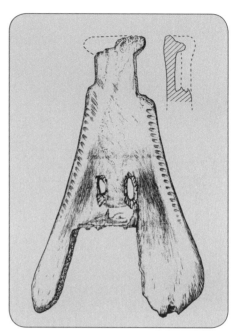

④⑥　河姆渡遺址骨耜

如何過渡到良渚文化的。在中原地區，仰韶文化與龍山文
化之間有廟底溝二期、王灣二期，都是過渡階段性質，有
很大複雜性，把它看作已解決的問題，或當作簡單問題，
都不利於學科的發展；(四)"後良渚文化"即古吳越文化，
主要是指西周以前的早期青銅文化，可以馬橋遺址第四層
為代表，出有印紋硬陶、釉陶、青銅器，與較早的草鞋山
上層可以銜接，這類遺存有些可能就在今天的城市及附
近，有些可能不是，如"奄城"遺址。現在大家討論"太伯

仲雍奔吳"，太伯是奔無錫還是奔鎮江，可暫不談，反正在此以前，這個地區曾有過自己的青銅文化，產生過自己的國家 —— 吳越。當然，周人對這裏的政治文化影響絕不能低估，但古文獻中所謂的"文身斷髮"倒似乎說明周人也曾經歷過一個"地方化"的融合過程，為秦人的統一事業開闢了道路。在這一認識的基礎上，可以進一步把浙江南半部另分出類似北半部的情況，即浙江西南部的"金衢"和南部的甌江區分為兩個文化系統。

　　以南京為中心的寧鎮地區，連接皖南與皖北的江淮之間以及贛東北部一角。這一地區古文化特點表現在：南京北陰陽營遺址出土物很有特色（圖 ㊼），陶器中有罐形鼎、帶把鼎、盉、盂、盤、豆等，它們也自成組合，生產工具中的有肩石鏟、有肩石斧、新月形石刀等，與其他地方的同類器有明顯的差異，雖然還沒有發現比它更早的遺存，但當不排除其自成系統的可能，在發展過程中也有類似上海崧澤那樣的階段。近年在安徽潛山薛家崗發現了相當於北陰陽營這一階段的遺存，特徵也多相似，表明該文化類型的分佈，西北部已達到今安徽省境。北陰陽營上層

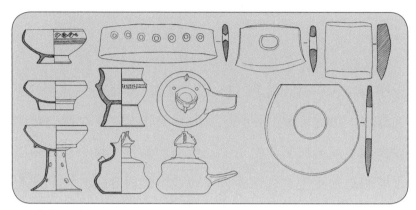

④ 南京北陰陽營遺址出土器物

有幾何形印紋軟陶、硬陶和釉陶等，突出的還有類似偃師
二里頭、鄭州二里崗時期的陶鬲和錐、刀等小件青銅器，
表明這裏的新石器文化與青銅文化是相銜接的，同時也表
明，這裏也是南北通道，較早地與中原地區古文化有了更
密切的聯繫，是西北與東南古文化的交叉地帶，對於中國
西北和東南兩大地區文化的交流曾經起過獨特作用，從而
也有別於太湖流域古文化。

關於蘇、魯、豫、皖四省鄰境地區的古文化，由於與
古代歷史上的所謂"徐夷""淮夷"有關，已經引起相關各
省重視。"徐夷""淮夷"在中國古代歷史上起過重要作用，
如果把山東的西南一角、河南的東南一塊、安徽的淮北一
塊與江蘇的北部連在一起，這個地區出土的新石器時代遺

存確有特色，這可能與"徐夷""淮夷"有關。古人說"江河淮濟，謂之四瀆"。不能把黃河流域、長江流域的範圍擴大到淮河流域來，很可能在這個地區存在着一個或多個重要的原始文化。近來對青蓮崗遺址的再發掘，對淮河流域安徽蒙城尉遲寺等遺址的發掘成果，都已表明這一點。

這裏，我要講一段在河南息縣下放勞動期間搞"業餘考古"的經歷。1970 年初，中國社會科學院的前身——中國科學院哲學社會科學學部全體幹部下放到河南省信陽地區息縣東嶽公社唐坡"五七"幹校。這裏屬淮河流域，古遺址分佈密度很大。在唐坡建校蓋房期間，我們考古所的鄰居民族所住地發現大量陶片，民族所有的同志在北大聽過考古課，對考古感興趣，於是找到了我和夏鼐同志，開始了我們在幹校期間的"業餘"考古。根據我的記憶，發現陶片的這處遺址的文化層包括相當於洛陽殷周之際特徵的；早於前者同鄭州二里崗等商文化遺址文化內涵近似的；更早於前者的文化堆積挖到距現在地表深 1.5 米，還不到生土，其文化特徵同偃師二里頭遺址下部堆積相似，出大量"哈密瓜"式的夾砂陶罐，缺乏空足（袋足）類陶

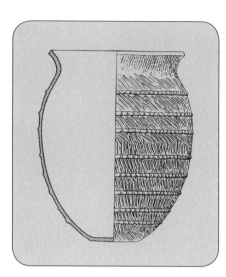

二里頭早期籃紋陶罐

器。值得注意的是，我們在這處遺址現已暴露出來的最下
層內，已經看到有如二里頭遺址早期的籃紋“哈密瓜”形
腹砂陶罐（圖 **48**），推測它的真正最底層可能還有早於二
里頭下層的階段。這就給我們一個有力的啓示，看來探索
“二里頭文化”的淵源問題，最有希望的途徑應該沿着淮
河主要支流，例如汝河（包括南北兩支）走向去找。此後，
在我們又發現的幾處遺址中，有正陽縣嶽城“姜黃莊”附
近汝河故道旁的一處新石器時代遺址，在這處遺址的灰土
層中，我們採集到不少陶片，大都是陶胎極薄的細泥杯、
碗類器，另有少量夾砂陶片，胎也很薄，它們的共同特徵
是器體較小。這些特徵使我們很自然地聯想到：一是山東

的"大汶口—龍山文化"諸遺址；二是湖北中部地區，特別是黃岡螺蛳山的所謂屈家嶺文化遺址。淮河流域古文化的淵源、特徵及其發展道路諸問題，就我個人來講，原是異常模糊不清的，正是由於當年這一段不平凡的經歷，才使我感受到它們在中國考古學當中確實具有不可低估的重要性。

（五）以環洞庭湖和四川盆地為中心的西南部（圖 ㊾）

與面向海洋的東南半壁既有聯繫又有所不同的是西南地區。這個地區是屬於面向歐亞大陸的一塊，文化面貌也更具地區特色。我們以環洞庭湖的江漢平原和四川盆地作為西南地區古文化的發展中心，是考慮到歷史上的楚在南中國的主導作用及其與巴蜀以及西南其他各族的密切聯繫。這在考古文化中也有相應的反映。

談到江漢平原的古文化，自然是以楚文化為主體。如果說，由於秦代曾經統一過全國，從而表現出了秦文化在中國古代文明中的重要地位的話，那麼，楚文化在秦統一

四 "條塊"說

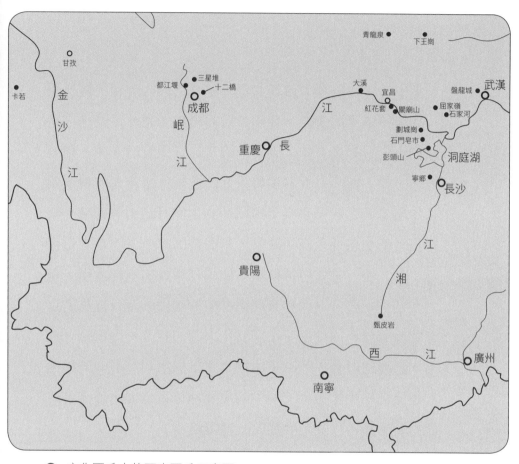

❹⁹ 文化區系中的西南區系示意圖

以前以及秦代以後相當長的一個時期，幾乎影響了整個南
中國，從這個意義來說，楚文化至少跟秦文化同樣重要。

楚文化就是"楚"的文化，這個"楚"有四個相互關聯又
相互區別的概念：地域概念、國家概念、民族概念和文

化概念。作為一種考古學文化，楚文化的內容和特徵還是一個有待探索的課題。我們不能簡單說，楚地、楚國、楚族的文化就是楚文化，因為前邊三者是因時而異的。楚就好像一棵大樹，有大的樹幹、大的樹冠，還有大的樹根體系。用這個譬喻，是為了說明楚文化應有的兩個範疇，其一是，猶如這棵大樹的樹幹，指的是因時而異的楚文化自身；其二是，猶如包括樹根、樹冠和樹幹的這棵大樹，指的是楚文化整個形成和發展過程中的基礎、背景以及同它有關係的諸不同地區、不同文化之間的相互影響和相互作用。只有這樣看，才有可能把楚文化形成和發展的奧秘，把楚文化在中國古代文明中的重要地位真正揭示出來，進而看到中國古代文化發展的一種道路。

探索楚文化的特徵和淵源，可以從兩方面來進行，一是從上（早）而下（晚），一是從下（晚）而上（早）。從下而上，就是從流溯源。在江漢平原發掘出來的數以千計的楚墓屬東周時期，它們的諸特徵中比較突出的一種是陶鬲；江漢地區發現的商周遺址雖不多，但這些商周遺址出土的陶鬲，都能夠清楚地看到存在於東周楚墓中那種特徵鮮明的陶鬲，有它自己一脈相承的發展序列；再往上追溯，或者同時從上而下地追尋陶鬲在江漢地區的發生過程，也可以看到若干線索。這種陶鬲可以稱作"楚式鬲"（圖 **㊿**），它的基本結構特徵是，器體的腹底連接一起，空足由核心與外殼兩部分構成，核心部分略呈淺凹頂圓錐體，從器體腹底由里向外穿過底壁，外殼部分略呈空心圓錐體，從器體外面緊緊裹住核心部分的圓錐體，使這兩部分從器體的內外兩面牢牢地黏着在腹壁，形成的足間襠部就是器體的腹底，空足很淺，有的甚至若有若無。簡明一點說，就是一個圈底器，從裏面打洞後又從裏面向外安空心羊角式鬲足，然後將內外接縫打補丁。顯然，"楚式鬲"不同於器的腹足結構為一整體、足間分襠清楚的"殷式鬲"，也不同於腹足連為一體、腹足底部是加上去的、足間襠部呈弧形的"周式鬲"。這三種在江漢平原雖有平行共生關係，但只有"楚式鬲"可以在本地的原始文化中找到來源。

　　江漢地區鬲類陶器的出現時間，估計在距今 5000—4000 年的後期，存在於"湖北龍山文化"或稱"石家河類型”中，這主要指鄂西北地區的青龍泉遺址，從這處遺址的上層所含斝、鼎、釜等器類的形制變化中（圖 **51**），可以看出它同“楚式鬲”有淵源關係。由於江漢地區目前發現的商周遺址集中在鄂中地區，鄂西則發現甚少，推測“楚式鬲”發生背景到它的消失有一個幾度反復的像海潮一樣的進退過程，即在距今 5000—4000 年後期的“石家河類型”中，鄂西青龍泉上層一分支基礎上產生“楚式鬲”，從西向東，流行於鄂中地區；距今 4000—3000 年間，“楚式鬲”流行中心地帶，從東向西，從鄂中地帶轉到鄂西地帶；距今 3000 年以後的西周春秋時期，“楚式鬲”從鄂西中心流行區向外擴散。這樣，我們沿着“楚式鬲”這條線索，追蹤商周時期楚人或楚文化的活躍中心，似可認為是從鄂中轉到西部，再從西部向外擴張。

由“楚式鬲”的發生，再上溯江漢地區的原始文化，可以分為三片：以淅川下王崗、鄖縣青龍泉下層為代表的，以仰韶文化為基礎的原始文化區；以巫山大溪、宜都紅花套、枝江關廟山為代表的，以大溪文化為基礎的原始文化區；以黃岡螺螄山、武昌放鷹台和京山屈家嶺為代表

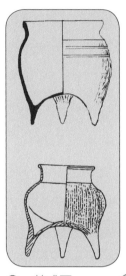

❺⓿ 楚式鬲

圖 50、51：從江漢地區相當於商周時期的楚文化遺存中，提取出最重要的文化分子 ——"楚式鬲"，是與"殷式鬲""周式鬲"平行發展，由自成一系的楚人或楚的先人所創造的，它可以從湖北龍山文化石家河類型的青龍泉上層所出的鼎、罌、甗中找到產生的基因：①青龍泉上層釜類器晚出特徵是高捲領，器體最大腹徑下移，圜底近平；②罌體同釜體，空足從近似白薯到圓錐體；③鼎足為橫安在腹底的舌狀，表面加捺圓點或刻劃縱溝或加兩道凸棱，這在楚式鬲約當早商標本中可看到，如高領，最大腹徑近底部，似圓錐體的足、足跟加縱深刻槽，有的圓錐足外平，如扁平舌狀鼎足。

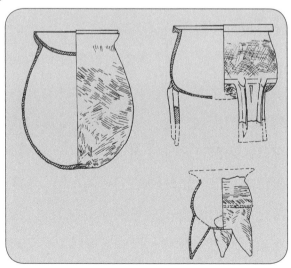

❺❶ 青龍泉上層陶器

的，以屈家嶺文化為基礎的原始文化區。這三片原始文化區都出一些明顯屬於中原仰韶文化廟底溝類型和半坡類型的陶器，它們之間文化面貌的階段性變化大致相似，可知它們的社會發展進程也是大致平衡的。在晚於仰韶文化的階段，整個江漢平原的原始文化普遍經歷過兩個相應的時期，就鄂西地區來說，青龍泉中層明顯地受到屈家嶺文化的影響，青龍泉上層則明顯地受到"石家河類型"的影響，但從青龍泉遺址三層文化面貌的變化看，當地傳統文化特徵因素似佔絕對優勢。全新的因素，不問它可能來自北方或是東方，畢竟只佔少數。

談到"楚式鬲"與當地土著文化的關係，與"楚式鬲"分佈範圍大體一致的土家族的習俗給我們以啓示。土家族分佈的兩湖之間、川鄂之間，河網密佈，水成片，水陸難分，人群也是成片而不是沿河分佈的。土家族自稱是下里巴人，巴人是楚國的下層人，但"楚雖三戶，亡秦必楚"卻是巴人的語言，就是秦國的武裝也主要是靠巴人。土家族現在使用的擂缽，就是二里頭文化那種"澄濾器"，其實是普通的淘米器，與"楚式鬲"一樣，都是當地土著文化

四 "條塊"説

的特色。

　　進入青銅時代，中原地區經歷過夏、商、周三代的所謂"湯武革命"，社會的與文化的兩個方面都發生了明顯變化，這對江漢地區產生了不小的震動。黃陂盤龍城遺址的文化面貌很像鄭州二里崗遺址，漢陽、蘄春、武昌（放鷹台上層）等地的西周遺物，同中原相應時期遺址的文化面貌也很接近。但江漢地區依舊是楚文化的範圍，商周文化僅僅是對它有一定影響而已。到了戰國時期，楚國幾乎統一了差不多半個中國，除了軍事征服手段以外，社會歷史文化背景條件究竟是怎樣的呢？有一個線索值得我們注意，那就是曾長期流行於中國東南廣大地區的幾何印紋陶，到商周時期發展到高峰，大約恰是在春秋戰國之交發生了一次急劇變化，從原來多彩多樣的圖案，一下子簡化為小米字格紋和小方格紋。這一變革不可能是軍事征服或政治原因造成的，只能從社會經濟文化等方面去找原因。

　　以上是以楚文化為主體對江漢平原古文化的分析，如果結合近年工作，還可以再做些補充。在湖北省境沿長江一線西頭的宜昌—荆山一帶古文化獨具特徵，中段的漢江以東或雲夢澤一帶、大洪山周圍、京漢鐵路兩側也自成系列，盤龍城古文化已提出重點線索；黃岡市以東的皖、贛、鄂三省鄰境地區，正是自古以來南北要道，文化的多元性特別清楚，需要更多地從南北連接着手。就湖南省境來說，對劃城崗遺址是否應屬於大溪文化的討論，結合洞庭湖周圍的彭頭山早期新石器文化，下至石門皂市一類古文化遺存，特別是湘北一帶出土的商周青銅器，明顯地說明，對湘北古文化序列應重新審查，尋找認識上的突破口。

關於四川盆地考古，是從 1984 年才有所認識的，此前，考古界對巴蜀文化的認識只停留在幾種形制特異的陶器、巴蜀式青銅兵器以及畫像磚之類的文物上。博物館的陳列儘管看起來琳琅滿目、美不勝收，畢竟還不能反映巴蜀古文化的全貌和源流。1984 年，國家文物局在成都召開第一次全國田野考古工作彙報會，給我提供了一次良機，記得那次主要不是在博物館展廳，而是在庫房裏看到了真正的“古蜀文化”，那是在成都市內西門方池街施工工地上撿來的陶片，同時還有廣漢三星堆、月亮灣發掘的 2000 平方米出土的一大批陶器。由此我確信，成都及其附近幾縣從距今 5000 年前新石器時代晚期至距今 3000 年前存在着自成一系的古蜀文化區系。在三星堆遺址最底層挖出來的陶片，年代在距今 6000—5000 年，尖底器在這裏出現早，是巴蜀文化的根。時隔兩年，在成都市區十二橋配合基建發掘中，又發現距今 3000 多年的大面積建築遺址群，其中有四根跨度 12 米的地樑和夯土"城址"（圖 ❷）。差不多同時，在廣漢三星堆又有了驚人發現 —— 埋有大量極具特點的珍貴文物的埋藏坑，其中包括一件 2.62 米高的銅立人像（圖 ❸）、1 米多寬的突目人面銅器，使距今 5000 年的原始文化與距今 3000 多年的古蜀、古廣漢文化更清晰地連接起來。1987 年在成都、廣漢召開的座談會上，我對四川的考古學者們講，現在已經抓住了蜀中考古的生長點。近年配合三峽工程建設，在三峽地區開展的考古大會戰中，北大在四川忠縣發掘了一個大遺址，幾萬平方米，面臨嘉陵江，前面有開闊地，很不一般，性質屬巴文化；這個遺址東邊巫山縣出土的商代銅尊，與廣漢三星堆埋藏坑的銅尊有關，可能說明廣漢與巴文化有更多聯繫。可見，四川古文化又可分若干塊塊。從

區系角度講，四川也不止一巴一蜀。四川是西南地區的重
點，曾是周、秦、楚的同盟者活動地區，四川的古文化與
漢中、關中、江漢以至南亞次大陸都有關係，就中國與南
亞的關係看，四川可以說是"龍頭"。

❺❷　十二橋地樑

成都市內十二橋發現的距今3000多年的4根地
樑，跨度12米，這種規格宏大的建築，是成都平
原古蜀方國的見證。

❺❸　銅立人

四川廣漢三星堆遺址，可能與巴文化有
更多聯繫，這件銅立人高2.62米，重
180公斤，是該遺址最具代表性的器物。

（六）以鄱陽湖 —— 珠江三角洲一線為中軸的南方（圖 ㊴）

　　關於華南地區考古，長期以來對從鄱陽湖到珠江三角洲一線的新石器時代到青銅時代的認識，猶如蒙着一層紗布而處於若明若暗狀態。1975—1976 年，我在廣東利用半年時間，詳細考察了廣東省博物館曲江石峽等地的新發掘材料和石峽遺址考古工地，以及館藏的來自全省東、西、南、北、中五個方面收集的重要庫存材料，又閱讀了 1978 年 9 月在江西廬山召開的“江南地區印紋陶問題學術討論會”論文和江西省博物館與印紋陶有關的諸遺址材料。由此我確信，過去那種把江南以及東南沿海廣大地區籠統稱為“印紋陶文化”，認為華南地區沒有自己的青銅文化，沒有奴隸社會，只是在楚和吳越文化影響下，才出現僅有兩千年文明史的傳統觀點應予修正。史實是，印紋陶作為一種考古文化不妥，但作為一種重要文化特徵因素，從新石器時代一直到秦漢時期存在於中國東南幾省卻是事實。可以將它作為一把“鑰匙”，幫助我們打開探索中國這一重要地區從原始社會到秦漢以前重要歷史課題的大門。

　　所謂"印紋陶文化"，包括了不同的考古文化區系。以鄱陽湖—贛江—珠江三角洲為中軸的一線，是幾何形印紋陶分佈的核心區，共存的重要因素還包括有肩石器及平底鼎、豆、盤。這一地帶的四周都是中國人口密度較大地區，太湖流域經閩台（包括台灣省）到粵東潮汕地區是它的東南翼，從洞庭湖、湘江到西江流域（主要是湖南西半部和廣西東半部）一帶是它的西翼，江淮間一帶（大致包括蘇北、皖北、魯西、河南中南部、鄂東部）是它的北鄰。作為核心區的南北軸線也是今京九鐵路所經地帶，顯而易見，這是一條自古以來形成的南北通道，華南與中原的關係，與南海諸島以及東南亞廣大地域的關係都可以在這條南北通道上尋找答案。有肩石器應該就是由這裏向南向印度洋方向傳佈的，有段石器則向太平洋方向傳播，平底的鼎、圈足的豆和盤則成為中國早期禮器的來源之一。順便提到，閩北、閩南和台灣是各有特徵又密切相關的三個文化小區，是中國古文化與海洋文化接觸的前沿中心，又是環太平洋文化圈的重要一環。唐朝人“控蠻荊而引甌越”的論點，可以從這裏得到更深一層的理解。

在幾何形印紋陶分佈的核心區，印紋陶發達，共性多，但贛北和粵北又有所不同，淵源、發展道路各異，應視為不同區系。

贛北地區印紋陶發展序列完整、突出，為其他地區所不及。這一地區的萬年仙人洞遺址，有上下兩層堆積，典型器物的變化序列反映了這一地區新石器時代較早的兩個階段，它的特徵主要是幾何印紋陶的萌芽，以圓棍做工具的凹圓窩狀紋（圖 ㊺）。下層只出單一的夾砂陶，時代當在距今 7000 年。修水山背、清江築衛城與吳城等地的遺存，在年代上不能與萬年仙人洞遺址相銜接，但估計其間的差距是工作上的缺環，而不是實際上的空白，因為在這一地區的東、西、南三面都有距今 7000—5000 年的遺存。築衛城的幾何印紋陶相當發達，一直晚到商周時代，陶器上盛行的印紋包括三類：圓點、圓圈，方格、菱形、回紋、重菱紋、米字形紋，平行曲折線紋和雷紋等（圖 ㊻）。這三類花紋都有其變化的規律。幾何印紋在距今 5000—

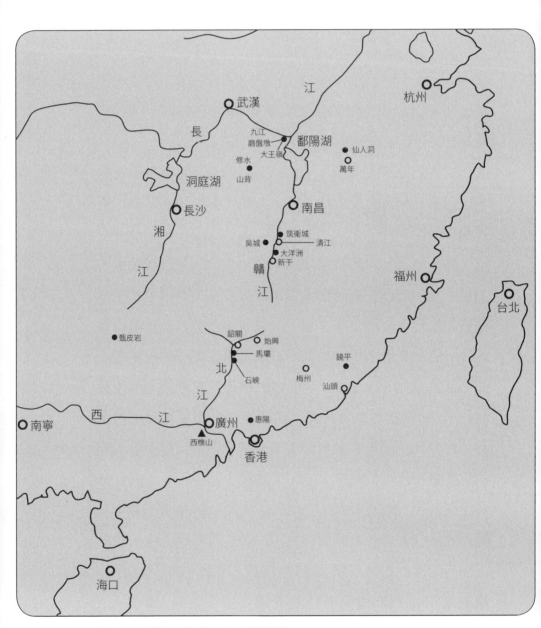

⑤ 文化區系中的南方區系示意圖

3000年是最發達階段，以後或過於簡化，或立體化了。大約在距今4000年，這裏也進入青銅時代。江西吳城商代城址的發現是重大突破，說明這裏的文明既與中原商殷文明有密切聯繫，又有濃厚地方特色，與商王朝處於同一社會發展階段而又雄踞一方。1990年代在新干大洋洲的重大發現是又一極好例證。

這一時期的幾何印紋陶，花紋以仿銅器花紋為主，如加強浮雕效果的勾連雷紋和變體雷紋（圖(57)）。器型也有仿銅器造型的。約當春秋戰國之際和戰國時代，江西北部從初見鐵製工具，至鐵器推廣應用回到製作生活器皿、兵器的同時，幾何形印紋陶則簡化到以“米”字紋為主，方格紋變為細小方格以至類似布紋（圖(58)）。這一現象，一則反映這一地區當時社會經濟文化發展水平同中原不相上下，再則說明東南幾省恰在這時期幾乎全部流行“幾何形印紋陶”。我們不妨說，遠溯至從新石器晚期或原始公社氏族制剛剛開始解體過程的時候起，在各個不同的社會發展階段，南北之間不斷發展的經濟文化交流，互相影響、互相滲透的情況，到了戰國時代更前進了一步，已為以後

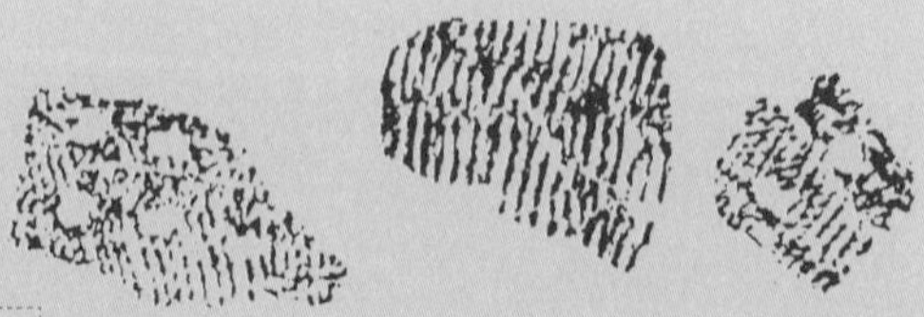

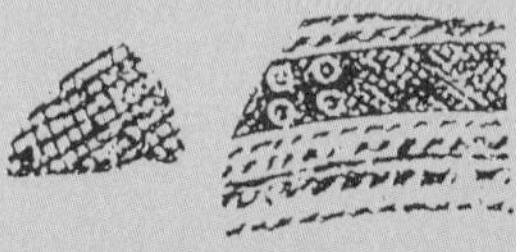

(55) 江西地區“幾何形印紋陶”紋樣：萌芽期紋樣，仙人洞出土

(56) 江西地區“幾何形印紋陶”紋樣：發展期紋樣，築衛城中層、吳城出土

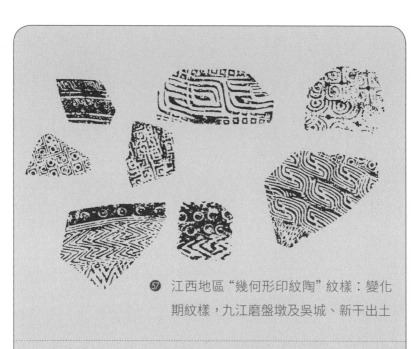

⑤ 江西地區"幾何形印紋陶"紋樣：變化
期紋樣，九江磨盤墩及吳城、新干出土

⑤ 江西地區"幾何形印紋陶"紋樣：簡化期紋
樣，九江大王嶺等地出土

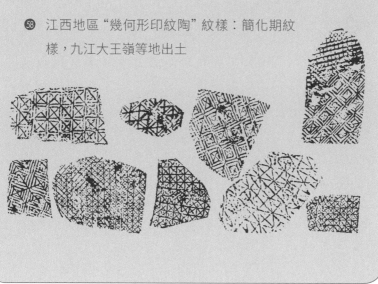

秦漢時代實現的政治上統一的多民族國家奠定了基礎。

　　嶺南地區有與贛北相應的發展序列。北江流域有類似萬年仙人洞下層的堆積，如在始興玲瓏岩發現了在膠結層中包含單一夾砂陶和打製石器的遺存，珠江三角洲一帶也有新石器時代較早的遺存，南海西樵山包含了舊石器時代晚期和新石器時代早晚不同時期的遺存，打製、琢製石器大量存在。馬壩、石峽發現的稍晚遺存，特徵明顯，有階段性變化。工具中有肩有段的錛、鑿、鏟等自成系列，陶器組合上，盤形鼎、帶蓋豆、平底圈足或平底三足盤等都很有特色，並且自成系列（圖 ❺❾－❻❺）。在石峽還能見到晚至商周時代的遺存，是以印紋硬陶為特徵與釉陶或原始瓷及青銅器共生，可與江西清江吳城類型遺址直接聯繫起來。汕頭地區則有比較集中、比較發達的相當於商周的古文化遺存。由此可知，石峽所在的韶關地區，像是位於南嶺山脈中間可以透視南北的一個窗口，溝通南北的一個門戶，還為我們探索中國古代與中南半島甚至南太平洋地區關係問題找到一把鑰匙，真是 "石峽雖小，關係甚大"。不過，這時在廣東省內的不同地區間又有較大差異，在石

四　"條塊"説

⑤ 陶壺

⑥ 陶釜

⑥ 帶蓋白陶鼎

⑥ 豆扣三足盤

⑥ 豆

⑥ 盤形鼎

⑥ 圈足盤

峽中、上文化層以及附近曲江境內幾處同類遺址（龍歸葡萄山、周田月嶺、馬壩省屋山等）均出有原始型石戈（無欄）和靴式青銅鉞（只在石峽一處發現）；汕頭地區饒平則出有與中原商代銅戈頗為相似的石（或玉）戈，還出過近似原始型的銅戈；在梅縣、惠陽出的石戈形制相當特殊；至於西江流域幾座墓葬中的青銅兵器，主要是一種帶有地方色彩的矛。值得注意的是，在珠江三角洲地區，迄今還沒有發現早到戰國以前的青銅器。這說明嶺南的各個地區與中原地區在差不多時期內，曾經歷過相似的青銅時代的早晚幾個階段，同時在幾個大的地區之間，這一時期的文化發展又是相當複雜的。它和中國其他古文化發達地區之間又是緊密相連、息息相通的。嶺南有自己的青銅文化，有自己的“夏商周”，只用砂陶、軟陶、硬陶來劃分階段是過於簡單化了。只有這樣，我們才能理解，2000多年前秦在嶺南設郡的背景，其性質與秦併六國相同，是在其他條件業已具備的情況下實現了政治上的統一，才能理解華南與包括南海諸島在內廣大東南亞地區的歷史文化關係。所以“嶺南考古”是又一個大題目。

六大區系間的關係

1970 年代後期區系類型觀點形成後，六個區系間的
關係問題逐步提上日程。

早在 1960 年代發表的《關於仰韶文化的若干問題》一
文中，我就曾探討過中原地區仰韶文化與東南沿海地區和
江漢地區新石器文化的關係。指出中原地區仰韶文化與
東南鄰境諸原始文化的相互關係，表現為前期不很密切，
後期則是東部地區的人們對中原地區的人們發生了較大
影響，並由此表現出仰韶文化後期中心分佈範圍內東部與
西部發展不平衡現象（圖 ㊅ ）。突出的表現是這一時期中
原所發現的鼎、豆、壺組合顯然是受東邊影響而產生的
東西。它們不僅已佔有相當比重，而且具有極其相似的型
式變化序列，從而大大縮小了兩者在文化面貌上的差異，
使以源於華山之下的一方，與源於泰山之下和長江下游的
另一方的諸原始文化，向建立起密切的聯繫的方向前進了
一大步。1970 年代以來在河南境內不斷有屬於大汶口文
化或帶有深厚大汶口文化因素的遺存發現，進一步證明了

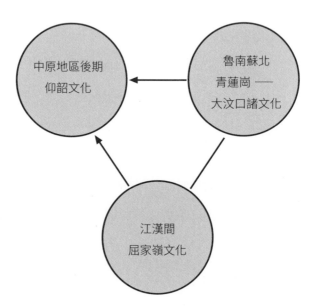

❻❻ 中原、東南沿海、江漢文化區聯繫主導活動方向圖解

這一點。

在區系類型觀點形成過程中，隨着各大區系內涵、範圍的確定，區內外文化之間表現出錯綜複雜的關係。探索區間關係自然被突出出來，"環渤海考古"的提出和對中原與北方關係的多次論證，可以說明這一點。

渤海即古人所謂"海"，猶如"河"即今之黃河。"環渤海"既指遼河、灤河、大小凌河、海河、黃河等所注入之海，又指中國遼東、膠東和朝鮮三半島甚至包括日本列島在內的廣大海域及其腹地。它的自然地理、人文、歷史、文化地位，既可統屬在廣義的中國北方，又可統屬於中國面向太平洋的（環太平洋）重心位置，它是打開東北亞（包括中國大東北）的鑰匙，又是連接東南沿海的龍頭。渤海是中國海，有如歐洲人視地中海為自己的海一樣。如果從這樣的範圍和概念來理解"環渤海考古"的提出，那麼，不僅遼東半島和膠東半島的"膠東考古"，面向渤海的"青州考古"，以及從遼西走廊到京津、冀、魯的沿渤海地區要包括在內，而且廣義的北方考古，整個東南沿海地區考古，晉文化考古等都與之有關，從而使環渤海考古成為一個帶動全局的課題。自 1986 年正式倡議這一課題以來，繼在山東煙台、長島、臨淄之後，在遼寧大連、河北石家莊召開的第三、第四次環渤海考古會上又取得的成果就很能說明這一點。大連會除繼續探討與膠東半島的關係外，認識到遼東半島南端的旅大地區是一個文化交匯點，環渤海考古應置於東亞、東北亞以至環太平洋這樣一個更為廣闊的學術背景下，用區系觀點探討有關諸文化區間的關係。石家莊會則進一步從環渤海考古提出"世界的中國考古學"的新課題。

關於中原與北方的關係，隨着 1970 年代和 1980 年代初對以中原古文化為主體的發展道路，以遼西地區古文化為主體的北方古文化發展道路，和連接兩者的中間環節的太行山東西兩側冀晉兩省的工作，看到從距今六七千年至三四千年間它們各自的序列，相應明確的階段及不同文化階段面貌特徵，各自社會文化發展道路。這就為深入探索遼西古文化與中原古文化兩者相互關係、相互作用，以及它們自身所處的特定地位、所起的特定作用，提供了必要條件。對河北張家口地區桑乾河上游蔚縣西合營古文化用"三岔口"這一概念形象地概括它的特徵性質，所指的是，源於陝西華山腳下的成熟階段的廟底溝類型兩種特徵因素——雙唇小口尖底瓶和玫瑰花圖案彩陶，在這裏延續到它的後期階段中止了，其平面分佈的東北向範圍也到此為止；源於遼西（老哈河與大凌河流域）的"紅山文化—夏家店下層文化"的特徵因素：鱗紋圖案彩陶和彩繪罍、鬲類陶器等，從東北向西南，經過冀西北部，延伸到太行

四　"條塊"說

山腳下的拒馬河、滹沱河流域（石家莊一帶）；源於河套一帶的蛋形甕、三足蛋形甕等，自西向東分佈延伸，也大致到此為止。這給我們的重要啓示是，遼西地區的"北方古文化"不能認為是或僅僅是"中原古文化"衍生的一個支系或地方變體，我們絕不可低估遼西地區、河套地區"北方古文化"在我"中華古文化"形成發展中所曾起過的作用。與此同時提出的"晉文化考古"課題，把晉文化視為既是中原古文化的組成部分，又是北方古文化的組成部分，更是中原與北方兩大文化區系間的重要紐帶，從而對晉文化有了一個全新的認識。

　　此外，廣大東南沿海地區以山東為中心的東方，以太湖流域為中心的東南部和中原地區之間，以蘇、魯、豫、皖四省鄰境地區為紐帶之一；華南地區與周圍地區以印紋陶等文化因素的傳佈為線索，其間的相互交流、相互滲透、吸收與反饋十分頻繁，文化面貌你中有我，我中有你，這種文化交流趨勢隨着時間推移而加速。進入春秋時期以後，大致在包括江、淮、河、漢四大水系範圍內，列國在文化面貌上的接近，從考古學文化角度觀察，已達到空前的程度，民族文化的融合已突破原來六大區系的分野，這就為戰國時期的兼併和秦的最終統一做好了準備。所有這一過程，都不是由中原向四周輻射的形勢，而是各大文化區系在大致同步發展的前提下，不斷組合與重組，形成在六大區系範圍內涵蓋為大致平衡又不平衡的多元一體的格局。

至此，我們對中華大地上古文化的認識，可以引用《莊子‧養生主》中"庖丁解牛"的故事作比喻。如果說，中國考古學家花了半個世紀的時間悟出了一條真理的話，那就是從以前看到的"皆牛也"，到經過全國同行的努力，已悟出了"無全牛"的道理。有了這一認識，庖丁們都有了用武之地，全國考古工作者在各自所在地區和崗位上，共同為區系類型理論在實踐中不斷發展做出貢獻，從而達到得心應手、游刃有餘的境界。經過這一重新認識了的"區系的中國"，既已建起了中國考古文化發展的結構體系，更是以闡明 13 億人口、56 個民族是如何凝聚到一起的基礎結構為最終目的的。當然，這也必然為進一步探索中華文明的起源打下了一個堅實的基礎，以解開中國古代

文明是如何從星星之火成為燎原之勢，從涓涓細流匯成長
江大河的這一千古之謎。

註釋

1　1981 年第 5 期《文物》發表《關於考古學文化的區系類型問題》，同年第 4 期
　　《史學史研究》發表《建國以來中國考古學的發展》，二文都收入《蘇秉琦考古
　　學論述選集》（文物出版社，1984 年）。

2　從 1982 年到 1986 年，連續在河北張家口蔚縣西合營三關考古工地、遼寧朝
　　陽市和喀喇沁左翼蒙古族自治縣、內蒙古呼和浩特市、甘肅蘭州市和內蒙古
　　包頭市召開了一系列有關北方地區考古的學術研討會。這種小型學術座談會，
　　以當地近期重點工作項目為題目，由來自考古第一線，掌握第一手材料的跨
　　省同行以文會友，採取邊參觀考古工地，觀察標本，邊議論"會診"的辦法，
　　大家在一個共同題目下交換意見，既推動當地工作，又啟發大家，成為區系類
　　型理論在實踐過程中所產生的一種很有生命力的學術活動。見《蔚縣三關考古
　　工地座談會講話要點》（1982 年 8 月），《燕山南北地區考古 —— 在遼寧朝陽
　　召開的燕山南北、長城地帶考古座談會上的講話》（1983 年 7 月），《燕山南
　　北、長城地帶考古工作的新進展 —— 1984 年 8 月在內蒙古西部地區原始文化
　　座談會上的報告（提綱）》（1984 年），《從蘭州到包頭 —— 在包頭市文管處座
　　談會上的發言（提要）》（1986 年 8 月 12 日），以上諸文均見《華人・龍的傳
　　人・中國人 —— 考古尋根記》，遼寧大學出版社，1994 年。

3　1977 年在南京召開的"長江下游新石器時代文化學術討論會"中提出。見《略
　　談我國東南沿海地區的新石器時代考古 —— 在長江下游新石器時代文化學術
　　討論會上的一次發言（提綱）》（1977 年 10 月 14 日），《文物》1978 年第 3 期。

4　1981 年在杭州召開的以討論東南沿海地區古文化為主題的中國考古學會第
　　三次年會以後提出。見《中國考古學會第三次年會閉幕式上的講話（提綱）》
　　（1981 年 12 月 13 日），《蘇秉琦考古學論述選集》258-263 頁，文物出版社，

1984 年。

5　1988 年在山東臨淄召開第二次 "環渤海考古" 學術會後提出。見《環渤海考
　　古的理論與實踐（提綱）》（1988 年 5 月 16 日），《華人・龍的傳人・中國
　　人 —— 考古尋根記》61-63 頁，遼寧大學出版社，1994 年。

五

滿天星斗

用考古學文化區系類型學說對中國古文化進行重新認識，大大開闊了考古學家觀察古代各族人民在中華遼闊國土上創造歷史的視野，開始了從文化淵源、特徵、發展道路的異同等方面進行考古學區系類型的深入探索，過去那種過分誇大中原古文化、貶低周邊古文化的偏差開始得到糾正，這就為中華文明起源研究的突破，開拓了新的思路。

通常說，中國同古巴比倫、古埃及和古印度一樣，是具有 5000 年歷史的文明古國。但是按照歷史編年，中國實際上只有商周以後 4000 年文明史的考古證明，司馬遷《史記·五帝本紀》所記載的商代以前的歷史，由於缺乏確切的考古資料，始終是個傳說。而其他文明古國早在 19 世紀到 20 世紀初，就有了 5000 年前後的文字、城廓、金屬等考古發現。從考古學角度看，中華文明史比人家少了 1000 年。

中國歷史自公元前 841 年起，有文字記載的編年史就沒有斷過，這在人類歷史上是獨一無二的。三四千年前的商代文明就是無與倫比的，特別是發達的冶煉青銅技術，其質地、形狀、花紋，堪稱上古文明世界最突出的成就。

然而，如果說這就是中華文明的誕生，未免有點像傳說中的老子，生下來就是白鬍子，叫人難以置信。所以，有些人認為，中國的文明是西來的，是近東兩河流域成熟了的文明的再現與發展。可是考證結果卻與這一論點大相逕庭：中國商代青銅器鑄造用的是復合範（模子），與西方文明古國（包括古印度）採用的失蠟法，完全是不同的傳統。而且商周文化還有個獨有特點，即殷代玉石雕刻，是別個所沒有的。可見，燦爛的中華文明具有自己的個性、風格和特徵，迫切需要找到自己的淵源和更早的考古證據。

應該說，早在 1930 年代，隨着仰韶文化和龍山文化的發現，追溯中國文化源頭的同時，中國文明起源問題也已被尖銳地提了出來。半個多世紀過去了，從殷商晚期往上追溯，已取得可喜成績，但夏文化是甚麼樣子，還有待進一步探索。依靠再找到甲骨文一類說話，以為找到夏和先商遺存就是文明源頭的思想還在作怪，就是從中國新石器時代文化中去尋找，或是像以龍山文化遺存中的版築城堡，或是以像仰韶文化遺存中陶器上的刻劃符號、大汶口文化遺存中陶器刻劃"文字"等跡象為依據，試圖論證中國文明起源可以早到距今 5000 年，甚至 6000 年，實踐證明，這些努力似乎都不能真正縮短起步點與目標之間的距離。於是，傳誦多年的"五千年文明古國"的莊嚴形象，仍然只能用虛幻的傳說代替，或者乾脆用"仰韶文化、龍山文化"把商以前 1000 多年填充起來，湊夠 5000 多年整數，或者進一步引伸為"夷夏東西說"，把考古新材料與古史傳說都派上用場，"五千年文明"落到真假參半。科學要求實事求是，億萬人心中不能不提出疑問：中國五千年文明的證據在哪裏？

其實，在區系類型學說從醞釀到形成的過程中，就已涉及到各區系考古文化的社會發展階段問題。我在 1960 年代的《關於仰韶文化的若干問題》一文中，通過對仰韶文化後期和同時期東南地區古文化因陶器、工具製作技術提高帶來的社會分工和埋葬方式的改變對氏族作為基本單位的制度的破壞，以及彩陶圖案由寫實逼真到圖案化、簡化和分解、消失所反映的意識形態的變革等方面的分析，得出仰韶文化後期原始氏族公社制已開始了從量變到質變

的革命性飛躍這一結論。1970 年代印象比較深的是對廣
東曲江石峽墓地的分析。該墓地那些朱砂鋪地，分別隨葬
石鉞、玉琮、陶質禮器和大小系列配套工具的墓葬，顯然
是屬於軍事首領、祭司和工匠的墓，說明社會分工引起的
社會分化已經形成，"士"、"庶"之分已經確立，氏族制
度已遭破壞，已進入文明發展的歷程。

　　1985 年在北京大學召開的中國考古學會第五次年會，
以"城市考古"為主題，我在會議結束時的講話中提醒與
會者注意中國近年在人口密集地區不斷發現的，大約相當
距今 5000—4000 年前後的重要遺跡遺物：山西襄汾"陶
寺"（圖 ❻❼）；河南登封"王城崗"（土城牆雖小，但牆外
還有不小範圍的遺址）；河南淮陽"平糧台"；山東莒縣陵
陽河出帶刻文陶器（圖 ❻❽），地點所在正是在最高發展階
段蛋殼陶、成組玉器集中範圍內。山東壽光、益都間"邊
線王"城堡遺址也屬同類遺存集中範圍內。太湖流域良
渚文化遺址普遍存在的如上海"福泉山"、武進（常州市）
"寺墩"等以玉琮、玉璧為主的成組玉器墓（圖 ❻❾），據
發掘工作者介紹，墓坑都在人工堆成的土丘上（我們似乎

⑰ 陶寺墓地發掘現場

⑲ 玉琮

⑱ 刻文陶尊

刻"日火山"銘文的陶尊，
在大汶口文化多次出土，
是一種特殊祭器，也是山
東地區文明的象徵。

不妨稱之為"土築金字塔"）；遼寧朝陽喀左東山嘴的紅山
文化後期的"祭壇"（出無頭孕婦塑像、玉龍璜、小玉鴞
鳥、玉龜等及成組石砌方形、圓形"祭壇"）（圖 ⑳ - ㉓）；
建平、凌源間同一時期的"女神廟"和山頭上"積石冢"
（圖 ㉔ - ㉖）。結合以上三者中間地帶曾發現過六處商周
間的埋藏青銅禮器坑，總範圍直徑約 30 公里；內蒙古烏
盟涼城"老虎山"石砌古城（只有罕而無禺階段）等等（圖

⑦　東山嘴祭壇

⑦　雙龍首玉璜和松石鴞形飾

⑦　玉龜

⑦　無頭孕婦陶塑像

74 女神廟全景

75 積石冢群（南—北）

❼❻　女神廟鳥瞰

圖 70~76、圖 79－82：紅山文化壇廟冢 —— 5000 年前古國象徵，是仰韶
文化與紅山文化後期相遇迸發的文明火花。

❼❼ － ❼❽）。這些遺跡遺物的時代不限於夏商，分佈地域不

限於中原，而是北至長城地帶，南至長江以南的水鄉，東

至黃海之濱，西至秦晉黃土高原。它們都含有我們從商周

古城 —— 都市遺址中已知諸多相似因素所提供的線索，

正為我們展示着廣闊前景。它預示，一場關於中國文明起

源問題的大討論已有"山雨欲來風滿樓"之勢，大家要有

思想準備。當時會上已傳出遼西紅山文化考古新發現的消

77 老虎山城址

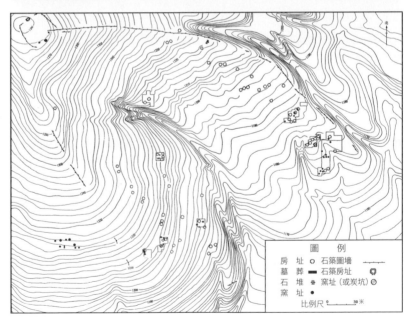

78 涼城縣老虎山遺址遺跡分佈圖

息。時隔一年，新華社就以"中華五千年文明曙光"為題，突出報導了遼西地區這一重大考古新發現。

1979 年 5 月，遼寧開展全省文物普查試點，在西部大凌河流域的喀喇沁左翼蒙古族自治縣東山嘴村發現了一處原始社會末期的大型石砌祭壇遺址。這一發現，啟發考古人員在鄰近地方尋找其他有關遺跡。幾年以後，果然在相距幾十公里的建平、凌源兩縣交界處的牛河梁，相繼發現了一座女神廟、多處積石冢群，以及一座類似城堡的方形廣場的石砌圍牆遺址，發現了一個如真人一般大的彩色女神頭塑以及大小不等、年齡不同的成批女性裸體泥塑殘塊及多種動物形玉、石雕刻，特別是幾種形體不同的"玉雕龍"。這些考古發現已遠遠不是原始氏族制度所能涵蓋解釋的內容，說明已有突破氏族制度的新概念出現，說明中國早在 5000 年前，已經產生了植基於公社，又凌駕於公社之上的高一級的社會組織形式，這一發現把中華文明史提前了 1000 年（圖 ❼❾ - ❽❷）。

遼西考古這項新發現之所以特別引起海內外專家學者以及億萬華人的關注，原因是多方面的。第一，它們明

⑦ 女神頭像

⑧ 帶蓋彩陶罍

⑧ 牛河梁全景

❽　赤峰紅山

確無誤地屬於一向認為是新石器時代，大致和中原仰韶文
化相對應的一種分佈在燕山南北、長城地帶的紅山文化
遺存，而在仰韶文化大量遺址中還從未發現過類似的遺
跡。第二，從喀左到凌源，橫跨幾十公里範圍內，除這類
特徵鮮明的遺跡以外，極少同一時期一般聚落或墓地。
例如，已揭露的幾處所謂"積石冢"，確切地說，是建在
特意選擇的崗丘上，主要用作埋葬一些特殊人物，可能同
時是進行某種祭祀活動的場所，它們普遍保留下來的與東
山嘴那處祭壇頗相近似的遺跡遺物便是明證。第三，紅山
文化"壇、廟、冢"所出多姿多彩的玉雕龍有豬龍也有熊

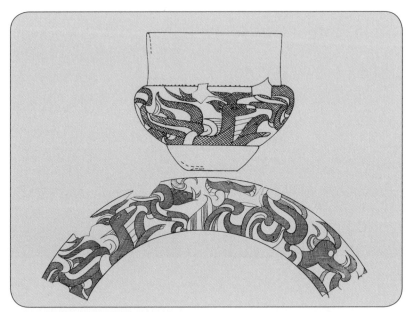

❽ 趙寶溝文化刻劃龍紋陶尊

龍，具有很高的工藝和藝術水平，而在它之前千餘年前趙
寶溝—小山類型文化中已有長期發展歷史，並已出現達到
神化境界的在陶器上刻劃麟（麒麟）與龍在雲端遨游的圖
案（圖 **❽**）。甲骨文中龍字的多種形態以及殷墟婦好墓出
的玉雕龍，可以大致追溯到距今 5000—3000 年間的龍形
變化過程。就是燕下都出土的大量"饕餮紋"瓦當，也應
來自燕山南北的古老傳統。第四，在同一範圍內發現的六
處埋藏有數組大件器物的商周之際的青銅禮器坑，按東
北 —— 西南方向連成一線，達幾十公里，這又進一步說明

該範圍內曾至少在兩三千年間作為原始宗教性的社會活動場所，女神廟近旁發現的冶銅址同樣說明這一地段的特殊性。第五，女神廟塑像稱為"神"可以，但她們是按真人塑造的，是有名有姓的具體人物，所以我曾說過，她"是紅山人的女祖，也就是中華民族的共祖"。

由此可見，遠自距今 8000 年以來的查海、興隆窪—趙寶溝類型到距今約 2000 餘年的燕下都，上下五千年，在燕山南北地區，由於一個"凌源—建平—喀左"小三角的新發現，使我們不能不刮目相看，它涉及到中國歷史上兩大課題：中國五千年文明連綿不斷的奧秘和軌跡及中國統一多民族國家是如何形成的。意義重大，不可不認真對待，花大力氣，搞個水落石出。如果把這項工作比作一頭牛，我們現已掌握的材料僅只是有如牽住牛鼻子，最多不過是看到牛的頭部，整個牛身還在後邊。全牛的形體大致包括從遼西走廊的醫巫閭山以西至七老圖山以東，中間是努魯兒虎山，"凌源—建平—喀左"三縣交界的小三角位置正在它的南端，向北放射呈扇面形。地理範圍：東側是大凌河流域的阜新、朝陽兩市，西側是老哈河流域的赤峰市。這一地區已有紅山文化大遺址發現。如果說"小金三角"的"壇、廟、冢"的發現可稱作文明曙光，謎底的揭露已為期不遠了。

就在遼西地區紅山文化"壇、廟、冢"的考古新發現的報導後不久，幾乎各大考古文化區系都提出了文明起源的新線索和研究新成果。甘肅秦安大地灣"類似塢壁"中心"殿堂式"大房子遺跡面積超過 100 平方米，已是佈局比較講究的"前堂後室"結構，房內出土的都是非日常生活用的特異型陶器（圖 ❽ - ❽），是與紅山文化"壇、廟、冢"時間相近，規格相似的聚落遺跡。甘肅蘭州永登一處幾十萬平方米的大遺址和大墓群出土成系列的"長彩陶鼓"（圖 ❽）；內蒙古包頭塬上遺址出石砌"祭壇"，二者年代大約均屬距今四五千年間，與之年代相近的是山西襄汾陶寺遺址出"磬和鼓"的大墓（圖 ❽ ❽），它們同樣都是探索中國文明起源問題的重要線索。中華五千年文明曙光的提出，還推動了對仰韶文化、大汶口文化和良渚文化的再認識。1984 年在太湖流域會上提出，良渚文化在中國古代文明史上，是個熠熠發光的社會實體，上海發

84 大地灣遺址房址
F901 號

85 大地灣遺址全景

86 房址 F901 號出土特異型陶器

圖 84~86：大地灣遺址約 1 平方公里，臨河靠山，兩側以溝為天塹，是距今5000 年有天然屏障的"塢壁"。中心大房子面積超過 100 平方米，前堂後室，有左右側室，已具早期宮殿性質，是與紅山文化"壇、廟、冢"時間相近、規格相似的聚落中心。

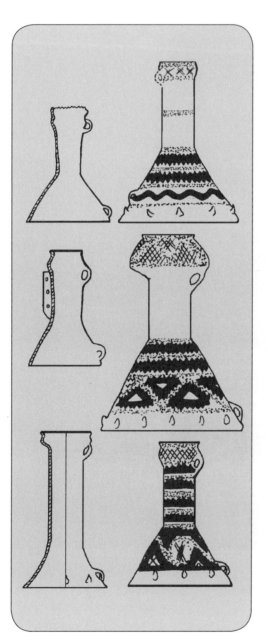

❽ 永登陶鼓

❽ 陶寺石磬

❽ 陶寺鼉鼓木質鼓腔

掘了福泉山良渚文化墓地，出土大量精緻陶器和玉器，這些器物都不是尋常生活用具，但尤為重要的是它的如同丘陵的大型封土堆（墓冢），聯繫到遠比它更早的遼西地區新發現的屬紅山文化後期營建在山頂上成排的所謂“積石冢”，可知自秦漢以來用“山陵”一詞稱呼帝王冢墓，淵源甚古。1987年，我在給山東省文物局負責人的一封信中提出，五六千年間是社會發展出現“個性化”突出的歷史階段，又是各區系間交流最重要時期，蘇北與大汶口看到的一些彩陶正與河南、晉南看到的一些大汶口文化因素互相對應，在山東省境內幾個區系間同樣有些類似現象，這已是金屬文明萌發階段。而且，山東地區的文明曙光，絕不會只有一顆星，象牙筒、“日火山”刻文，鬶、盉、觚、杯的出現，都應看作文明的標誌，而不僅僅是文化、生活日用品等一般性器物，蛋殼黑陶也不只是文化特徵物，也應看作文明的象徵。仰韶文化可與紅山文化壇、廟、冢遙相呼應的雖然只有華縣泉護村遺址一座墓中隨葬的黑光陶大鴞尊（或鼎）（圖 ❾⓿），但已認識到小口尖底瓶未必都是汲水器，它與一些彩陶都應具“神器”性質，為神職人員

⑨ 鴞鼎

華縣泉護村遺址南部太平莊高地單獨存在的一座成年女性墓，隨葬黑光陶大鴞鼎，表示墓主的特殊身份，是中原地區仰韶文化可與紅山文化壇、廟、塚遙相呼應的現象。

圖91~96：曲江石峽文化後期，以專用兵器（鉞），特殊用途器物（琮）和外來形制陶器（貫耳壺）殉葬，說明社會分化已更進一步。

⑨ 有段石錛

⑨ 石鑹

⑨ 石鉞

⑨ 石琮

⑨ 石鏟

⑨ 石臂環

所專用，社會已產生了腦力與體力勞動的分工。就是嶺南
地區，前述距今四五千年的石峽文化，以屬於軍事首領、
祭司和工匠的墓葬出現為標誌，氏族制度在瓦解。不過這
三類人出現有一過程，不是齊步走，是有先有後的，具有
錛、斧、鑿等成套木工工具的墓出現較早，說明百工、工
匠是最先分化出來的。"階級起源於分工"，文明起源應
從社會分工說起（圖 ❾❶ - ❾❻）。

　　一時，中華大地文明火花，真如滿天星斗，星星之火
已成燎原之勢。尤其是，已可從幾處典型地點歸納出形式。

　　頭一種文明起源的類型是裂變。舉中原古文化為例，
仰韶文化的前期階段，在大約距今 6000 年前後，統一
的仰韶文化裂變為半坡、廟底溝兩種類型。在此以前的
六七千年間，以姜寨遺址前期為代表，兩種小口尖底瓶由
發展到成熟，共生同步發展，村落佈局完整，三塊墓地都
在村外，男女有別，長幼有別，不到成年不能成為社會成
員，只有成年男女才能埋在氏族墓地，這是母系氏族結構
的典型標本（圖 ❾❼）。到了距今 6000 年左右有突變，典
型遺址是元君廟，小口尖底瓶相當於姜寨結尾階段，即由

　　成熟的瓶口退化到淺盤口沿，這一階段姜寨遺址的墓地也
由村外轉移到中心廣場，墓地下層尚保持單人葬傳統，但
已不如村外墓地整齊，上層壓有男女老幼合葬墓，這就突
破了原來氏族制男女有別、長幼有別的界限，小孩與成年
人埋在一起，沒有了輩分的差別，甚至沒有了氏族成員與
非成員的界限，這違背了氏族公社的基本原理，已是突破
血緣關係的氏族分裂。原始公社制的破壞就已意味着文

明因素的產生。統一的仰韶文化分為兩種類型就是在這一轉折時期出現的。這個一分為二，就是出現了以廟底溝類型為代表的新生事物，標誌是出現玫瑰花圖案的彩陶和雙唇小口尖底瓶。這種瓶就是甲骨文中"酉"字下加一橫，也就是"奠"字，表示一種祭奠儀式，所以它不是一般生活用具，而具有禮器性質。彩陶也一樣，廟底溝類型的分佈中心在關中，其典型材料是華縣，即玫瑰花圖案由完整到鬆散，瓶由成熟到雙唇不起雙唇作用，這一演變序列代表了仰韶文化後期的基本特徵和基本規律。這個類型完整的遺址和墓地材料尚缺乏，但泉護村遺址南部那座隨葬大型鴞鼎的成年女性墓，孤立於其他墓之外，單獨埋在遺址聚落南部高地，表現了墓主人的特殊身份，其年代相當於廟底溝類型的末尾。同樣，半坡遺址墓地的尾，有一座小孩墓，埋葬有特殊待遇。小孩本無氏族成員地位，所以這不是他自己地位特殊，而是他母親的社會地位特殊，這是對氏族社會的進一步衝擊。前一個是廟底溝類型的，後一個是半坡類型的，兩種現象恰恰在同時發生，它的背景我在 1965 年寫《關於仰韶文化的若干問題》時，曾提到兩種

❾❽
趙
寶
溝
文
化
刻
劃
龍
紋
陶
尊

類型是經濟類型的不同，現在不妨說，這種區別就意味着第一次社會大分工。在這種社會經濟背景下裂變產生新事物，是有生命力的。半坡和廟底溝兩個類型雖可並立，但半坡類型對周圍的影響遠遠比不上廟底溝類型。所謂仰韶文化對周圍的影響，基本上就是廟底溝類型的影響，是仰韶文化後期裂變而產生的文明火花。

　　裂變的又一例是遼西古文化中"前紅山文化"與紅山文化前期之間發生的裂變與發展，前者以阜新查海遺址下層為代表。後者以趙寶溝、小山等遺址和阜新查海上層為代表，趙寶溝與小山遺址出土的迄今所知最早的豬頭"龍"與鹿頭"麟"刻劃神獸圖案，是有更多附加值的宗教信念的祭器，反映了社會發展的新階段（圖 ❾❽ ）。

⑨⑨ 龍鱗紋、花卉紋、幾何紋結
合的彩陶罐

⑩⑩ 胡頭溝紅山文化彩陶
筒形器

　　第二種文明起源的形式是撞擊。以仰韶文化與紅山文化的關係最具典型性。在距今五六千年間，源於關中盆地的仰韶文化的一個支系，即以成熟型玫瑰花圖案彩陶盆為主要特徵的廟底溝類型，與源於遼西走廊遍及燕山以北西遼河和大凌河流域的紅山文化的一個支系，即以龍形（包括鱗紋）圖案彩陶和壓印紋陶的甕罐為主要特徵的紅山後類型，這兩個出自母體文化，而比其他支系有更強生命力的優生支系，一南一北各自向外延伸到更廣、更遠的擴散面。它們終於在河北省的西北部相遇，然後在遼西大凌河上游重合，產生了以龍紋與花結合的圖案彩陶為主要特徵的新的文化群體（圖 ❾❾ ❿❿），紅山文化壇、廟、冢就是它們相遇後迸發出的"火花"所導致的社會文化飛躍發展的跡象。這是兩種不同經濟類型和不同文化傳統組合而成的文化群體，這個群體的活動中心範圍既不在北方草原的牧區，更遠離農業佔絕對優勢的關中盆地，而是燕山以北，大凌河與老哈河上游宜農宜牧的交錯地帶。這裏自然條件的優勢，大概正如古文獻關於九州第一州冀州記載的所謂"厥賦惟上上錯，厥田惟中中"。就是說，重要的不是土質肥沃，而是多種經濟互相補充造成的繁榮昌盛，才得以發出照亮中華大地的第一道文明曙光。

第三種形式是融合。例證有二。一就是河曲地區發現早於 5000 年的小口尖底瓶與晚於 5000 年的袋足器在這裏銜接，出現了最初形式的斝和甗，即最早的袋足器也是北方與中原兩個不同文化傳統融合的產物。甲骨文中有兩個容器形象，一是"酉"，一是"丙"，酉字如前所說，就是尖底瓶演變到最後形式的象形字（▽），單唇、寬肩，亞腰。"丙"字是三個瓶結合在一起，形象正是袋足器剛剛

出現的形象（⊻）。"酉"和"丙"都不是一般用字，而是
"干支"組成成分，而"干支"是除了社會生產勞動的社會
分化以外更高一級的專業化的產物，所以，這不僅說明，
甲骨文這兩個字的起源可追溯到 5000 年前，而且尖底瓶
（或稱"酉瓶"）和鬲（斝）也都不只是生活用品，而可能
同祭祀的神器有關，是文化融合產生的文明火花。再一個
例子是晉南陶寺，時間在四五千年間，特點是大墓有成套
陶禮器與成套樂器殉葬，其主要文化因素如彩繪龍紋、三
袋足器與燕山以北和河曲地帶有關，也有大汶口文化的背
壺、良渚文化的俎刀，是多種文化融合產生的又一文明火
花（圖 ❶ - ❶❺）。

　　以上三種文明起源形式的典型地點大都在中原和北
方，大都與中原和北方古文化的結合有關。所涉及的範圍
是從關中西部起，由渭河入黃河，經汾水通過山西全境，
在晉北向西與內蒙古河曲地區連接，向東北經桑乾河與冀
西北，再向東北與遼西老哈河、大凌河流域連接，形成"Ｙ"
字形文化帶。1985 年在山西侯馬"晉文化"討論會上我的
講話中有一首七言詩，可以作為以上文化現象的總概括：

圖 101~104：陶寺大墓殉葬成套廟堂禮樂器、漆木器，反映了比紅山文化更高一級的國家形態。圓腹底斝、鬲的原型可追溯到內蒙古中南和冀西北，彩繪龍紋與紅山文化有關，扁陶壺序列的近親只能到山東大汶口文化尋找，俎刀更要到遠方的浙北杭嘉湖去攀親。

⑩ 彩繪龍紋陶盤

⑫ 彩繪陶壺

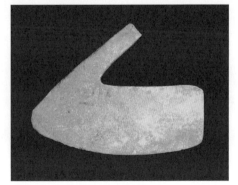

⑬ 特異形陶器

⑭ 與木俎配套的石厨刀

⑩ 陶寺第 2001 號大墓

華山玫瑰燕山龍，

大青山下斝與甕。

汾河灣旁磬和鼓，

夏商周及晉文公。

　　詩和講話的落腳點雖是晉文化的淵源，核心部分卻正是從中原到北方再折返到中原這樣一條文化連結帶，它在中國文化史上曾是一個最活躍的民族大熔爐，距今六千年到四五千年間中華大地如滿天星斗的諸文明火花，這裏是升起最早也是最光亮的地帶，所以，它也是中國文化總根系中一個最重要的直根系。

　　關於這個直根系，我們還可以做進一步闡述。我在《關於仰韶文化的若干問題》一文中曾提出，仰韶文化廟底溝類型的分佈中心在華山附近，這正和傳說中華族的發生及其最初的形成階段的活動和分佈情形相像，所以仰韶文化廟底溝類型，可能就是形成華族核心的人們的遺存，廟底溝類型主要特徵的花卉圖案彩陶可能就是形成華族得名的由來，華山則可能由於華族最初所居之地而得名。花本來是自然界常見的，現在把自然的花賦予了特殊社會概念。"華"是尊稱，選擇玫瑰花作象徵，以區別於其他族群，是高人一等的，這是以社會發展較快為背景的。我在《華人·龍的傳人·中國人 —— 考古尋根記》一文中，進一步提出，以玫瑰花圖案彩陶為主要特徵因素的仰韶文化廟底溝類型與以龍鱗紋圖案彩陶為主要特徵因素的紅山文化，這兩個不同文化傳統的共同體的南北結合是花（華）與龍的結合，從中原區系的酉瓶和河曲地區的三袋足斝的又一次南北不同文化傳統共同體的結合所留下的中國文字初創時期的物證，到陶寺遺址所具有的從燕山北側到長江以南廣大地域的綜合體性質，表現出晉南是"帝王所都日中，故為中國"的地位，使我們聯想到今天自稱華人、龍的傳人和中國人。中華民族傳統光芒所披之廣、延續之長，都可追溯到文明初現的 5000 年前後。正是由於這個直根系在中華民族總根系中的重要地位，所以，1990 年代我們對中國文明起源的系統完整的論證也是以這一地帶為主要依據提出的。

六　三部曲與三模式

　　1994 年初，我應"海峽兩岸考古學與歷史學學術交流研討會"邀請所寫的《國家的起源與民族文化傳統》一文提綱中，提出中國國家起源問題可以概括為發展階段的三部曲和發展模式的三類型[1]。發展階段的三部曲是：古國—方國—帝國；發展模式的三類型是：原生型，北方地區的紅山文化、夏家店下層文化、秦（6000 年前、4000年前、2000 年前）；次生型，中原，以夏、商、周三代為中心，包括之前的堯、舜，其後的秦，共五代，均以堯舜時代洪水為其祖先源頭，從 4000 年前到 2000 年前，重疊、立體交叉為其特徵；續生型，北方草原民族，於秦漢後入主中原的鮮卑、契丹、女真（滿族）為代表，在 2000年間，同樣以重疊、立體交叉形式，各自經歷過三階段模式的國家。三部曲和三模式是中國萬年以來歷史發展的總趨勢，是關於中國文明起源和古代國家形成的一個系統完整概念，也是試對 1980 年代以來關於中國文明起源討論進行一次總結。這一觀點的形成過程，如果從 1980 年代初算起，不過 10 年，這反映了在考古學區系類型理論建立的基礎上，對中國文明起源問題的認識在加快速度。同

時，討論的重點早已不再局限於對諸文明要素，如文字的
出現、金屬的發明、城市的形成等概念的理解和具體討
論，而是更注重理論上的建樹。

關於古國時代，可以從"古文化、古城、古國"的提
出談起。

古文化、古城、古國這三個概念，分開來看不是新
課題。它們的提出可以追溯到 1975 年，當時我提出應當
把"古城古國"當作文物保護重點的原則[2]。提出這樣的
原則是因為我從多年實際工作看，古城址往往埋藏很淺，
高平低墊，很容易就被破壞，一重要，二難保護。當時這
一提法主要指歷史時期的大遺址（古城址），現在看來，應
該把史前時期的大遺址也作為重點，即把古城古國與古文
化聯繫起來。那麼，古文化、古城、古國的特定含義是甚
麼呢？

古文化指原始文化；古城指城鄉最初分化意義上的城
和鎮，而不必專指特定含義的城市；古國指高於部落以上
的、穩定的、獨立的政治實體。三者從邏輯的、歷史的、
發展的關係聯繫起來理解的新概念是：與社會分工、社

會關係分化相應的，區別於一般村落的中心遺址、墓地，在原始社會後期，距今四五千年間或五千年前的若干個地點都已湧現出來，所以應該把原始文化（或史前文化）和中國古城、古國聯繫起來的那一部分大的中心聚落加以突出，作為考古發掘研究和保護的重點。可見，"古文化、古城、古國"的提法是把考古學區系類型理論轉化為實踐的中心環節。

"古文化、古城、古國"最先是從遼西地區的工作提出來的。地處渤海灣西岸，包括京津地區在內的這片燕山南北地帶，即考古學文化區系中的遼西古文化區，在《禹貢》九州的記載裏，屬九州之首的冀州範圍。這一地區源於大凌河流域的紅山文化前身曾有兩個支系，其一是產生"之"字形壓印紋筒形罐的母體查海類型（圖 ⑩⑥），其二是產生"篦紋"壓印紋筒形罐的母體興隆窪類型。二者曾經先後兩次發生巨變，產生兩個新的支系：其一是以包含刻劃麟（麒麟）和龍紋罐為突出特徵的趙寶溝文化，主要分佈於老哈河與大凌河之間的教來河和孟克河；其二是以包含鱗紋彩陶罐為其突出特徵的紅山文化的一支，以老哈河

 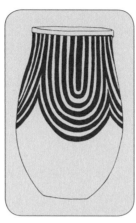 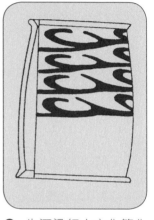

⓾ 查海遺址飾"之"字　⓾ 蜘蛛山遺址紅山文　⓾ 牛河梁紅山文化簡化
　紋筒形罐　　　　　　　化龍鱗紋彩陶罐　　　　玫瑰花圖案彩陶器

流域為中心（圖 ⓾）。紅山文化的另一支則以大凌河流域
為中心，以連續簡化玫瑰花圖案為主要特徵（圖 ⓾）。它
們之間的共同特徵，是"之"字紋筒形罐都包括了從無到
有到消失的發展全過程，它們在技術工藝發展上走的是共
同道路，與主要分佈在西拉木倫河以北的富河文化以及遼
東的新樂、後窪遺址的"之"字紋筒形罐有差別。這是不
同區系間的差別，而前者諸類型之間也有差別，那是區系
內不同類型間的差別，故可把遼西地區這四種文化類型統

稱之為“紅山諸文化”。

在史前時代，這裏的社會發展曾居於領先地位。鄰近的河北與山西兩省之間已找到了萬年以前的陶器。七八千年前的阜新查海和赤峰地區興隆窪文化反映的社會發展已到了氏族向國家進化的轉折點（圖 ⑩⑨ ⑩⑩），所以文明起步超過萬年。特別是查海、興隆窪遺址都發現了選用真玉精製的玉器，它絕非氏族成員人人可以佩戴的一般飾物（圖 ⑪⑪ ⑫⑫）。正是從這一時期起，玉已被賦於社會意義，被人格化了。製玉成為特殊的生產部門，石製工具的專業化，製陶技術明顯改進，彩陶開始出現等等，都說明社會大分工已經形成，社會大分化已經開始。六七千年前的趙寶溝文化，以小山遺址那件刻有豬龍、鳳鳥和以鹿為原型的麒麟圖像的完整的黑陶尊為代表，充分說明社會分化已很明顯。屬於遼西古文化區範圍的其他同時代的古文化中，如北京上宅、遼寧東溝後窪遺址也都發現了類似的反映社會分化的一些“藝術神器”。而在中原，最早的“藝術神器”是河南濮陽西水坡的龍虎造型的蚌殼堆塑（圖 ⑬⑬），但它的年代約距今 6000 年，要比燕山南北地區晚一步。

六　三部曲與三模式

⑩　查海遺址地貌

⑩　興隆窪遺址全景

圖 111~112：阜新查海遺址的玉器距今 8000 年左右，全是真玉（軟玉），對玉料的鑒別已達到相當高的水平，玉器的社會功能已超一般裝飾品，附加上社會意識，成為統治者或上層人物"德"的象徵。沒有社會分工，生產不出玉器；沒有社會分化，也不需要禮器性的玉器，因此，遼西一帶的社會分化早於中原。

⑪ 查海遺址玉玦出土情況

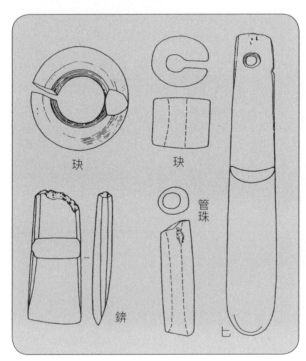

⑫ 查海遺址出土玉器

燕山南北地區由氏族向國家的過渡所以較早，與這一地區的沙質土壤易於開發有很大關係，即是《禹貢》上所說的冀州“厥土惟白壤”，不論紅山文化還是趙寶溝文化，都大量使用一種適應沙壤開墾的大型石犁（或叫石耜）（圖 (114)）。這種桂葉形大石器只能用來開墾疏鬆的沙壤，開墾中原地區的那種較堅硬的黃土不行，開墾南方的紅壤更不行，在南方我們所見到的農墾工具是類似現代的十字鎬那種工具。北方的沙壤易開墾，所以社會發展較快、較早。但也許正是這一原因，這一帶的地力也最先遭到破壞，水土流失早。大凌河有兩條由北向南流的支流都叫“牤牛河”，意思是山洪下來其勢如“牤牛”一樣，就是這一地帶水土流失的真實寫照。所以到紅山文化以後，農區衰退，文化中心也向南、向西轉移。這裏還要特別提一下與遼西古文化區相鄰的燕山南北長城地帶又一中心區系的內蒙古中南部。這裏河曲地帶的準格爾旗涼城附近的岱海周圍，從 6000 至 4000 年間，雨量充沛、水源充足、人口多、聚落分佈密（圖 (115)），這裏發現的屬仰韶文化北支的窯洞式房址群，成排分佈，形狀、規格整齊劃一，用白灰抹的居

⑬ 濮陽西水坡仰韶文化遺址蚌塑龍虎形墓葬

⑭ 紅山文化石犁
（耜）

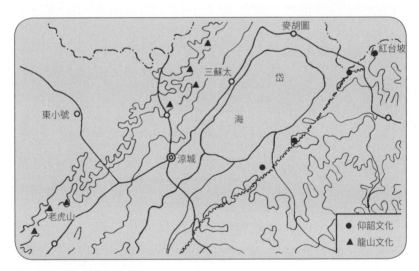

⑮ 岱海遺址群分佈圖

住地面和牆壁，極為平整而堅實，有如現代的水泥地面，
加工技術要求高，沒有長期訓練是做不出來的，造房子成
了專門知識和技術，房屋建築專業化了，從農業中分化出

⑯　岱海岸窯洞式房址群

⑰　窯洞房址內高級
　　加工居住面

一批建築師，這是北方區系由社會分工導致社會分化的又
一例證（圖 ⑯ - ⑱）。並且引發了距今五千年以後原始的
犂畐由這裏最早發生，成為影響四五千年間從中原直至
長江中下游地區又一次規模、幅度空前的大變化的風源
所在。

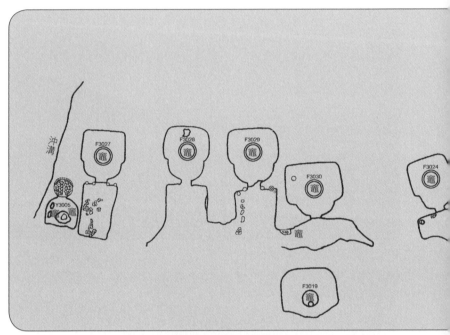

⑱ 內蒙古園子溝遺址 III 區窯洞式房址分佈圖

　　就是在這樣一個廣闊而又發生着劇烈社會變革的歷史
大背景下，紅山文化在距今 5000 年以前，率先跨入古國
階段。以祭壇、女神廟、積石冢群和成批成套的玉製禮器
為標誌，出現了"早到 5000 年前的，反映原始公社氏族
部落制的發展已達到產生基於公社又凌駕於公社之上的高
一級的組織形式"，即早期城邦式的原始國家已經產生（圖
⑲ － ㉓）。而與此同時代的中原地區，迄今還未發現能與
紅山文化壇、廟、冢和成批成套玉禮器（玉龍、玉龜、玉

獸形器）相匹敵的文明遺跡。古文化、古城、古國這一歷
史過程在燕山南北地區比中原地區看得清楚得多，而且先
行一步。就全國六大區系而言，社會發展總是不平衡的，
是有快有慢的，但相對於歷史長河而言，史前社會發展的
步伐又是大體同步的。不遲於四五千前大體都進入古國時
代，即城邦、萬國林立時代。所以，自 1985 年提出"古文
化、古城、古國"的概念以後，各大文化區系紛紛立足於
當地，探索每個文化區系內的古文化、古城、古國，並取

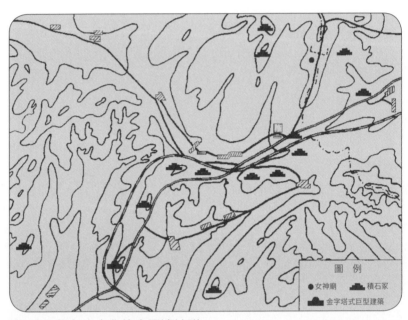

⑲ 牛河梁紅山文化壇廟冢遺址群

⑳ 玉雕龍

㉑ 玉雕龍

⑫ 金字塔式巨型建築局部（南─北）

⑬ 金字塔式巨型建築遠眺

得豐碩成果，從而把中國文明起源問題的討論提高到一個新的水平。如太湖流域在"馬家浜—良渚—古吳越"文化序列建立的基礎上，很快就提出了太湖流域的"古文化、古城、古國"問題。1977 年我在良渚遺址考察時，曾以"古杭州"的概念提示浙江的同行們重視這處遺址的特殊地位，通過這十多年在良渚和環太湖地區的工作，似已顯示出，太湖流域的古文化、古城、古國，已可以由良渚文化上溯到先良渚文化。

在"古文化、古城、古國"提出後不久召開的"晉文化考古"學術座談會上，論證作為中原、北方和連結這兩個地區紐帶的山西古文化及"汾河灣旁磬和鼓"的陶寺"古城古國"與"夏商周及晉文公"的關係。對四川成都十二橋大型建築遺跡和廣漢三星堆兩個窖藏坑，也提出應從它可能是蜀中古文化、古城、古國的課題進行研究。三星堆是方國，四川的古國階段可以從延用至今的都江堰水利工程得到啟發。這樣巨大的工程，不會是李冰父子一次治水成功的，"深淘灘，低作堰"（圖 ❶❷❹ ❶❷❺）也不是關中黃土地帶的治水經驗，而是四川人的經驗，是土著文化。四川

❹ 都江堰石刻 "深淘灘，低作堰"

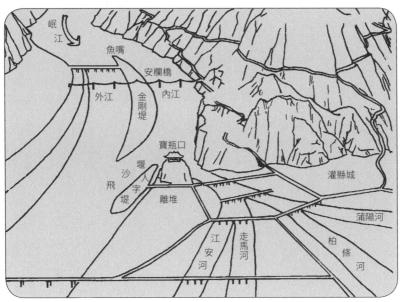

❺ 都江堰示意圖

有自己的治水傳統、治水時代，即古國時代。考古工作起步較早的關中西端的寶雞地區的古文化是多種多樣的，不同的古文化，就會產生不同的古城、古國，陳倉、陽平、虢（西虢）都是古國。先商、先周都是與夏並立的國家，更確切地說，是諸多古國並立。就是春秋以後的齊、魯、燕、晉以及若干小國，在周初分封前都各有自己的早期古國，南方的楚、蜀亦然，廣東、廣西的東江、西江都有這種古城古國的大遺址，包括中南半島，南越的前身都是當地古國。最近在天津薊縣發現的距今 5000 年前後的古遺址，出土陶器的器型、紋飾都有自身特點，有的還規格較高，並為當地商周時期方國的銅器所吸收，這是天津地區"古文化、古城、古國"的重要線索，其中有的可能就同周武王封黃帝之後於薊的"薊"有關。我們曾經解釋周初封唐叔虞於夏墟的施政方針"啟以夏政，疆以戎索"，是周人對殷人文化傳統有意的貶抑，對夏人文化傳統則懷有認同的感情，而對於所謂戎人的舊俗，似採取容許、尊重的態度，這既遷就、承認了現實，又不失周人的身份和治國原則，指導思想還是推行周人的政制。現在不妨進一步說，周人對當時各地已存在的諸多古國及其標誌是分辨得很具體準確的，周人分封，實際上就是採取了對這些古國都予承認的態度和政策，這是周人建國的理論基礎，也是周人高明之處。

總的來說，考古發現的"大遺址"，就是古城古國所在，背景是人口密集、社會經濟發達，社會已有分工。所以史載"夏有萬邦""禹會諸侯於塗山，執玉帛者萬國"是有據可依的。我們在最初提出考古學文化區系類型時，曾提到中國現行行政區劃中的 200 多個省級以下的專區一級（現大部分已改為省轄市），以一個有相當規模的、有歷史來源的中等城市為中心，它們在現實生活中所起作用的歷史淵源，就是指相當於這些專區一級範圍的考古文化區系是產生古城、古國的基礎。秦漢設郡大致都是以現專區一級範圍的古文化、古國為基礎的。秦漢統一時，中國幅員內各地大都經歷了從氏族到國家的歷史過程，各地相差的幅度一般不超過 500—1000 年，但都可追溯到 4000 年、5000 年、6000 年前，甚至還可追溯到更早。總之，在距今 5000 年前後，在古文化得到系統發展的各地，古城、古國紛紛出現，中華大地社會發展普遍跨入古國階段。

　　古國時代以後是方國時代，古代中國發展到方國階段大約在距今 4000 年前。與古國是原始的國家相比，方國已是比較成熟、發達、高級的國家，夏、商、周都是方國之君。這時期一是群雄逐鹿，一是從洪水到治水。夏未亡而商已成大國，商未亡而周已成大國，是夏、商、周並立的局面，商湯伐桀、武王伐紂都用的是同盟軍，是小國聯合對付大國，是方國與方國間的戰爭。治水更需要打破小國界限組織起來，夏、商、周的祖先都有治水的記錄。《史記・五帝本紀》前半沒有洪水一說，後半可一分為二，堯舜時代有洪水，有治水，沒有治水成功的記載，只有不成功的記載。夏禹治水成功了，從有洪水，治水不成功，到治水成功是個大轉折。所以，方國時代是產生大國的時代，也為統一大帝國的出現作了準備。

　　不過，方國最早出現是在夏以前。江南地區的良渚文化，北方的夏家店下層文化是最典型的實例。

　　至遲開始於公元前第三千年中期的良渚文化，處於五帝時代的前後期之間，即“絕地天通”的顓頊時代。良渚

六　三部曲與三模式

⑫　瑤山遺址及墓地

⑫　反山 M23 號大墓

圖 126~130：良渚文化隨葬玉禮器的大墓，人工堆築壇台和大規模、規範化的遺址群相繼發現，說明良渚文化已進入方國時代。至於瑤山，是高出河面約 30 米的小土山，它北依天目山，東南臨東苕溪，其南面沖積平原上，分佈着四十幾處良渚文化的遺址群，山上則有祭壇和墓地。

⑫　玉琮

⑫　玉鉞

⑬　玉項鏈

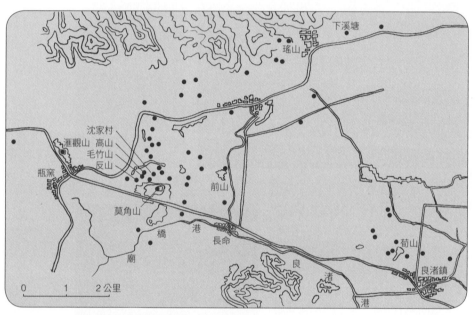

⑬　餘杭良渚遺址群

文化發現的帶有墓葬的祭壇和以琮為中心的玉禮器系統

（圖 ⑫ － ⑬），應是宗教已步入一個新階段的標誌。以瑤山

遺址為例，這個遺址發現的祭壇和玉禮器有以下值得注意

的現象：

　　1、建築於瑤山山頂，自內而外是用紅灰和黃色斑土

鋪墊而成，附近無同時期的居住遺跡；

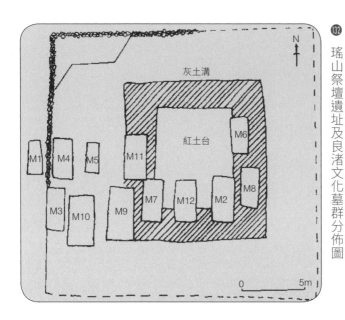

⓲ 瑤山祭壇遺址及良渚文化墓群分佈圖

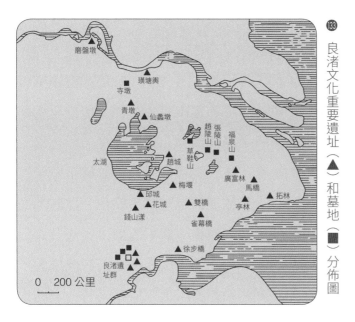

⓳ 良渚文化重要遺址（▲）和墓地（■）分佈圖

2、祭壇南半部有東西成行的南、北兩列墓葬，墓列分佈範圍與祭壇面積基本一致；

3、墓葬大小及隨葬品數量有別，卻都以隨葬玉器為主，當不是這類文化的普通墓葬；

4、玉琮、玉（石）鉞只見於南列諸墓，玉璜及紡輪僅見於北列墓葬，推測南列諸墓主人為男性，北列為女性。

男覡女巫脫離所在群體葬地，集中葬於祭壇，是巫師階層已形成才可能出現的現象。女巫一般無琮，說明男覡地位一般高於女巫。上海福泉山良渚文化墓地有有琮無鉞（T23M2）和鉞、紡輪共存而無琮（T27M2）的現象，從另一方面說明當時掌握了神權的人，並不一定都掌握軍權，以及某些女性亦能掌握軍權。瑤山等地墓葬最值得重視的現象，是琮、鉞共為一人的隨葬物，顯示神權、軍權集於一人的事實。玉琮是專用的祭天禮器，設計的樣子是天人交流，隨着時間推移，琮的製作越來越規範化，加層加高加大，反映對琮的使用趨向壟斷，對天說話、與天交流已成最高禮儀，只有一人，天字第一號人物才能有此權力，這就如同明朝在北京天壇舉行祭天儀式時是皇帝一人的事一樣。這與傳說中顓頊的"絕地天通"是一致的。這種以權力集中到一人為標誌的政權轉折，是中國五千年文明史上的一個轉折點，也是方國的一個主要標誌。方國是大國下的小國群體，從區系角度分析，太湖流域作為一個大區系，內部又分為若干個小塊塊，是大區系下的小塊塊。所以認識到良渚文化已具方國規模，才更有實質意義。

北方區系的夏家店下層文化是方國階段的又一典型代表，它不僅本身方國的特點顯明，而且在紅山文化之後出現，又為燕、秦所繼承，從古國—方國—帝國的發展過程也看得更為具體。

繼紅山文化後期率先進入古國時代之後，到 4000 年前在遼西地區崛起的夏家店下層文化，已是相當成熟的獨霸一方的"方國"。夏家店下層文化分佈在內蒙古、遼寧、河北三省區的鄰境地帶，包括京津。它北以西拉木倫河為界，南以永定河為界，中心範圍在燕山北側。敖漢大甸子發現的近 800 座夏家店下層文化墓葬所出彩繪陶器已具有禮器性質，與青銅器同樣重要，還有銅權杖首，仿銅器的陶爵、陶鬶、成組玉器，反映社會等級、禮制的

❿ 大甸子墓葬壁龕彩繪陶鬲、陶罍、陶　　❿ 彩繪陶鬲
　　鬶出土場景

圖 134~138：夏家店下層文化的彩繪禮器與青銅器同樣重要，反映社會等級、
禮制的完全形成，青銅文化的高度發達以及與中原夏王朝的直接來往。

⓺　彩繪陶罍

⓻　夔龍紋彩繪陶瓿

⓼　陶鬶和陶爵

⓽　英金河、陰河夏家店下層文化石城址分佈圖

北

老哈河

河

山水坡
▲

大十份 ◎ 　　▲▲
　　　　　　▲
　　　水地 ▲

　　家
　　子
王家店

赤峰市

建昌營 ◎

▲ 石城址
0　　　　　10公里

⑭　燕秦長城

夏家店下層文化的小型石砌城堡帶（即原始長城），在赤峰北
英金河畔與燕秦長城大體平行，是其與夏為伍，獨霸一方的方
國象徵。

完全形成，青銅文化的高度發達和與中原夏文化的直接來
往（圖 ⑭ － ⑱）。夏家店下層文化的又一個突出特徵是，
村落密集分佈在河谷地帶，幾乎都有防禦設施，形成土石
築的“城堡”，這種城堡，在遼寧喀左一縣內就已發現 300
多處，比現代居民點還要密集。在赤峰北沿英金河密集分
佈，連成一串的小城堡帶，恰與以後的燕、秦長城平行或
重合。這種城堡帶形式上還不能叫“長城”，功能卻類似，
就像漢代烽燧遺址一樣，串連起來就起到“長城”作用，
卻比秦漢長城早一千多年，可以稱作“長城原型”（圖 ⑲
⑳）。這種小城堡群有兩種佈局：一種是大範圍內的星羅

棋佈；一種是邊緣地帶的連成一串，不是為了保護一座城，而是大範圍的防衛，是國家的集體防禦，同時在交通要道必設關卡，這只有國家規模才有條件，城堡鏈鎖以內是需要保衛的"我方"，城堡鏈以外則是要抵禦的"敵方"。這個"我方"絕不是單個城邦式的早期國家，而是凌駕於若干早期國家之上稱霸一方的"方國"，是曾盛極一時，能與夏王國為伍的大國。所以，我們可以十分肯定地說，不遠於4000年前，燕山南北地區社會的發展已超越了古國階段進入了成熟的方國時代。而在凌源、喀左、建平三縣交接區發現的基本呈東北至西南走向的六個相當於商末周初時代的埋有青銅禮器的祭坑，說明這一帶直到距今3000年前仍然是一個十分重要的歷史舞台。《左傳》"肅慎燕亳吾北土也"，這是殷人的認識，殷人的祖先可以追溯到燕山南北的古燕文化，甚至更北的白山黑水之間，西周初期召公之所以封至"燕"地，其立國基礎絕不會是野蠻的原始社會，而是高度發達自有來源的文明社會。召公帶來了周王朝的文明因素，與當地"燕亳"的土著文明結合的燕國文明，是一種更成熟的方國文明。

⑭ 夔紋大瓦當　　⑭ 燕下都西南城牆西段

　　燕山南北地區從古國—方國，到匯入中華帝國是在2000多年前的燕、秦時期。燕是北方大國，燕下都40華里範圍是方國都城的最高規格。戰國七雄都想建立大帝國，燕國也不例外，"荊軻刺秦王"的故事就反映了燕趙慷慨悲歌之士不服輸的性格。秦滅燕費了很大氣力，就是秦始皇統一全國所建阿房宮，也是受到燕下都的啟發，從按中軸線分佈的大宮殿群到大建築構件，都是仿燕下都的規格設計的。秦始皇陵特製專用的夔紋大瓦當，與當時中原地區流行的雲紋瓦當不同，而燕下都眾多種類的獸面紋瓦當和飾夔紋的大型構件可能是它的來源（圖⑭ ⑭）。可見秦始皇的大帝國思想的形成與北方的燕不無關係。秦始皇兼併天下之後，多次東巡，所到之處往往立碑刻石，以炫耀他的至尊皇帝的地位和鞏固統一大業。而在渤海灣西北岸，他不僅留下了刻石，還在這裏建了東土唯一的帝國級建築物 —— 帝國的國門。這就是1983年在遼寧綏中

⓭　北戴河金山嘴秦宮遺址

⓮　黑山頭秦宮遺址

圖 143~145：從遼寧止錨灣到河北金山嘴東北 —— 西南走向一線，恰同渤海海峽一線相對應，從這裏遠眺，可把遼東半島和膠東半島環抱的海連成一片，形成自然景觀與人文景觀統一的、宅院門庭的格局，正符合秦始皇 "擇地作東門（國門）" 的設想，是秦漢統一大帝國的象徵。

⓯　牆子裏碣石宮全景

縣止錨灣發現的牆子裏、黑山頭和北戴河金山嘴發現的兩組三處宮殿建築（圖 ⑭ － ⑭ ）。金山嘴、止錨灣兩地相距30公里，均處於伸向海中的兩處小海岬的尖端，左右對峙連成一線，由此往東南直對旅順的老鐵山和山東榮成的成山頭。秦始皇正是認清了這個三點一線的地理條件，才在金山嘴、止錨灣修建了堪與阿房宮規模、氣魄比擬的宏偉宮殿群作為帝國的國門。帝國大門、東巡刻石和秦長城，都象徵着渤海灣西岸這一方歷經古國、方國的土地最終匯入了中華一統帝國的文明實體之中。

從“古文化、古城、古國”的觀點，到“古國—方國—帝國”的理論，是中國各區系由氏族到國家具有普遍意義的發展道路，但由於史前六大區系不同的文化特徵、歷史過程和不同的個性，具體道路又各不相同。

中國國家起源過程中發展模式的“三類型”，就是對這各不相同的具體道路的一種概括。階級產生於分工，社會分工導致社會分化，這是由氏族到國家產生的一般道路，燕山南北地區走的就是這條道路，所以是中國古代國家發展模式中的“原生型”。這在上面已作了系統闡述。

與燕山南北地區相比，中原地區則有所不同。中原地區有關古文化如仰韶文化等，也都不同程度地經歷過社會分工到社會分化的過程，因當時北方已先一步經歷了從社會分工到社會分化、階級出現的全過程，中原地區是在有了北方作樣子，在北方影響下產生的第二次階級分化。而且，從陶寺到夏、商、周，中原地區國家的最終形成，主要是在從洪水到治水的推動下促成的，這是超越社會大分工產生政治實體的推動力。所以中原地區是中國古代國家發展模式中的"次生型"。

中原地區國家是如何起源的？猜謎式的探索已經多年了。重新提出這問題，還是從北方的突破引伸出來的。從文獻與考古結合考察，洪水與治水傳說是至關重要的。考古工作證明，沿京漢線與隴海線的邯鄲─武功間至少有三處發現過在距今四五千年間洪水的遺跡，一是邯鄲，二是洛陽，三是武功（滻西莊、趙家來）。出洛陽城往西下一個大坡到澗溝（澗河之溝），澗溝的龍山文化，溝下早，溝上晚，溝下是洪水前，溝上是洪水後，從溝下搬到溝上，是距今 5000 年以後的事。澗溝的材料少，武功的材料豐

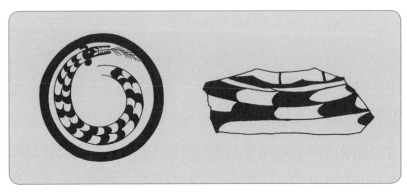

❽ 紅山文化彩陶龍紋（右）與陶寺彩繪龍紋（左）比較圖

富，最典型。武功滸西莊在下邊，趙家來在上邊，時間與
澗溝上下對應。山西襄汾陶寺相當武功（趙家來），是迄
今中原地區考古發現唯一較早近似社會分化達到國家（古
國）規模的大遺址，絕對年代距今 4500 年前後，與《史
記・五帝本紀》後半記載的堯舜禹從洪水到治水，從治水
不成功到成功的時期大致吻合。所以，中原地區的文明起
源要從洪水到治水談起。

　關於陶寺遺址，前面已經談過一些。把它作為中國文
明起源的一種形式，是多種文化融合產生的文明火花。如
從國家形成的模式看，它是以外部因素影響為主形成的次
生型"古國"的典型實例。陶寺遺址發現的斝，鬲，彩繪
龍紋陶盤，彩繪、朱繪黑皮陶器，包含了北方因素，根與
北方有關（圖 ❽ ）。紅山文化已出現彩陶龍紋，紅山文化

末段已出現朱繪黑皮陶器，陶寺圓底腹斝到三袋足捏合而成的鬲的序列的原型可以追溯到河套東北角（河曲）與河北西北部出土的尖圓底腹斝，還出土一種扁壺序列，它們的近親只能到遠方的山東大汶口文化中去尋找，墓葬隨葬品中類似"廚刀"（∠字形）的石製切割器，更要到遠方的浙北杭嘉湖去攀親。與它們共出的"磬和鼓"的組合不是一般民樂器類，而是擺在廳堂或更隆重場所，作為禮儀性質的設施，還有成套的朱黑漆木器，所以晉南陶寺文化是又一次更高層次、更大規模的巨變火花。我們似還可以作進一步理解：距今 7000—5000 年間，源於華山腳下的仰韶文化廟底溝類型，通過一條呈"Ｓ"形的西南—東北向通道，沿黃河、汾河和太行山山麓上溯，在山西、河北北部桑乾河上游至內蒙古河曲地帶，同源於燕山北側的大凌河的紅山文化碰撞，實現了花與龍的結合，又同河曲文化結合產生三袋足器，這一系列新文化因素在距今 5000—4000 年間又沿汾河南下，在晉南同來自四方（主要是東方、東南方）的其他文化再次結合（圖 ⓵⓴），這就是陶寺。或者說，華山一個根、泰山一個根、北方一個根，三個根

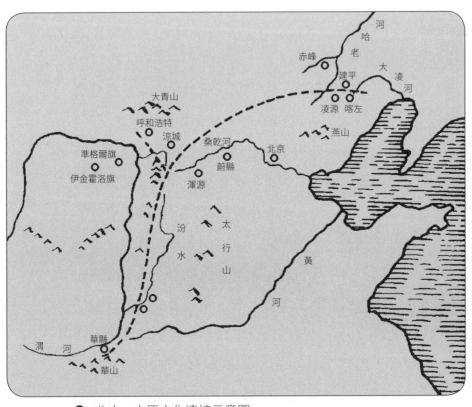

❿ 北方─中原文化連接示意圖

從關中西部起，由渭河入黃河，經汾水通山西全境，在晉北向西與內蒙古河套接，向東北經桑乾河與冀西北並再向東北與遼西接 ── 形成 "Y" 形文化帶，華山腳下仰韶文化與燕山地帶紅山文化就是通過這條通道交流撞擊的，這是中國文化史上最活躍的大熔爐，也是中國文化史總根系中一個重要直根系。

在晉南結合。這很像車輻聚於車轂，而不像光、熱等向四周放射。考古發現正日漸清晰地揭示出古史傳說中"五帝"活動的背景。五帝時代以 5000 年為界可以分為前後兩大階段，以黃帝為代表的前半段主要活動中心在燕山南北，紅山文化的時空框架可以與之對應。五帝時代後半段的代表是堯、舜、禹，是洪水與治水。史書記載，夏以前的堯、舜、禹，活動中心在晉南一帶，"中國"一詞的出現也正在此時。堯舜時代萬邦林立，各邦的"訴訟""朝賀"，由四面八方"之中國"，出現了最初的"中國"概念，這還只是承認萬邦中有一個不十分確定的中心，這時的"中國"概念也可以說是"共識的中國"，而夏、商、周三代，由於方國的成熟與發展，出現了鬆散的聯邦式的"中國"——周天子的"普天之下，莫非王土，率土之濱，莫非王臣"的理想的"天下"。理想變為現實的是距今2000年前的秦始皇統一大業和秦漢帝國的形成。從共識的"中國"（傳說中的五帝時代，各大文化區系間的交流和彼此認同），到理想的中國（夏、商、周三代政治文化上的重組），到現實的中國——秦漢帝國，也相應經歷了"三部曲"的發展。

　　"中國"概念形成過程，還是中華民族多支祖先不斷組合與重組的過程。這也是在春秋戰國以前的夏、商、周三代以至更早就已出現群雄逐鹿的中原地區看得最為明顯。

我們已經認識了前仰韶文化是一種組合，而半坡類型、廟底溝類型的出現就是一種重組，其後的仰韶文化廟底溝類型與紅山文化南北匯合產生了一系列新文化因素和組合成新的族群，他們在距今 5000—4000 年間在晉南同來自四方（主要是東方、東南方的）其他文化因素再次組合，產生了陶寺文化，遂以《禹貢》九州之首的冀州為重心奠定了"華夏"族群的根基。與此同時，從中原到長江中下游文化面貌發生了規模、幅度空前的大變化，黑、灰陶盛行，袋足器、圈足器發達，朱繪、彩繪黑皮陶代替了彩陶，大型聚落遺址（古城）出現，墓葬類型分化，大墓中出現雙層或多層棺槨以及由玉器、漆器、彩繪陶器、蛋殼陶器組成的禮器等等，這種以西北古文化為一方，以東南古文化為另一方的更大範圍的組合與重組，就是"龍山時代"出現的文化背景。"五帝時代"可以說是中華民族多支祖先組合與重組的一個十分重要的階段。

另一個重要階段則是距今 4000—2000 年的夷夏鬥爭及夷夏共同體的重組與新生階段。在這一大階段中，如果說夏、商兩代還是以"諸夷猾夏""諸夷率服"，夷夏較量互為消長為特點的話，那麼西周至春秋時期則是以"以夏變夷"為其主流。當然在西周春秋之世，夷夏的分野依然存在，夷夏鬥爭依然繼續，所以才有孔子所發出的"微管仲，吾其披髮左衽矣"的感歎和"入夏則夏""入於夷則夷"的追述。楚、秦、燕、齊諸大國都有"以夏變夷"的問題，並提出"尊王攘夷"的口號，但是到了孟子的時代，就與孔子時代有了明顯的不同，孟子說"只聞以夏變夷，未聞以夷變夏"。到戰國末世，夷夏共同體重組的歷史使命已大體完成，由此奠定了中華民族多元一體格局的社會基礎，秦漢帝國的建立使以夷夏共同體為主體的多元一體的中華民族形成，可以說是水到渠成。秦漢帝國及其以後，"四夷"的概念有了新的變更和新內涵。"四夷"已不是夏商時代的"四夷"，而是指帝國之內，《禹貢》九州之外的中華民族的各個支系。而且隨着歷史的發展，四夷的概念仍在不斷地更新。這在中國傳統的正史"二十四史"中，可以清楚地得到證明。

　　中華民族的各支祖先，不論其社會發展有多麼不平衡，或快或慢，大多經歷過從古國到方國，然後匯入帝國的國家發展道路。不過,這一過程有早有遲,不是齊步走,而是一批一批的。值得注意的是,就是夏、商、周在中原地區建立王朝之後,周邊民族也並不都是落後的。周、秦都是在西北部(隴西)自己產生古國,然後在進入中原過程中發展為方國、帝國的。《史記・秦本紀》關於襄公、繆公(穆公)、始皇帝事業的記載,就是古國—方國—帝國三部曲,且與考古資料對應清楚。繆公霸西戎,已是大國之君,與齊桓、晉文不相上下。鳳翔雍城近 40華里範圍,以及秦宮、秦陵,與燕國相當的大瓦當,都已是大國之都的規模,加上石鼓文等,已走在春秋列國的前頭,令中原人不得不平等看待。特別是隨着秦漢帝國的解體,周邊民族紛紛建立國家,包括日本、朝鮮半島。其中,北方草原民族建立的國家,對中華統一多民族國家的進一步發展所起作用最大。秦漢統一中華之後的近 2000年間,正是北方草原民族幾次大遷徙、大融合的動盪時代。幾次大遷徙、大融合的主要民族是鮮卑人建立的北朝(北魏等)、契丹人建立的遼朝、蒙古人建立的元朝、滿族人建立的清朝。它們立體交叉,各自的開國史都經歷過古國、方國、帝國這"三部曲"。它們所建立的國家是中國國家形成的又一類型，可稱為中國國家發展三模式中的"續生型"。中國北方民族所建立的續生型國家雖晚走一步，卻是騎馬得天下，是在漢民族聚居區得天下，統治的是漢族人，繼承的是漢文化，漢文化從此也長上翅膀，更有活力了。

　　舉鮮卑族拓拔氏建立北魏政權的南北朝時代為例。我們在史前時期劃分的面向海洋和面向歐亞大陸的兩半塊，在秦漢帝國解體後的民族大遷徙、大融合、社會大轉軌時期，尤其具有重要意義。作為農牧接壤的燕山南北長城地帶，在歷代農牧文化交流中形成若干交通要道和口岸，北方民族就是通過這些口岸沿太行山入主中原的。"五胡亂華"是一個貶義詞，但它與歐洲人所謂的"蠻族入侵"不完全是一回事。"五胡"不是野蠻人，是牧人，他們帶來的有戰亂，還有北方民族的充滿活力的氣質與氣魄。北方民族活動地區出土的大量反映北方草原文化與中原文化結合的、輝煌的北朝文化遺址遺物，從東漢末年的和林格爾壁畫墓，到雲岡石窟、司馬金龍墓、北齊婁睿墓等乃至平

城等北朝的都城建築，以及在瓷業、農業、科技方面的成
就都是北朝留下的，堪稱中華民族的無價之寶。北方草原
民族文化是極富生氣和極其活躍的，它為中華民族注入新
的活力與生命，它還帶來歐亞大陸北方草原民族文化的各
種信息，為中西文化交流作出重要貢獻。大唐盛世的諸多
業績都源於北朝。

就北方民族所建立的"續生型"國家及其對中華統一
民族國家發展所起的作用來說，中國最後一個帝國 ——
清帝國，更具有典型意義。起源於東北地區一角的女
真 —— 滿族曾經是一個發展較落後的，長期處於"四夷"
地位的中華民族成分。努爾哈赤追溯他們的歷史的時候就
說，由他上溯六世即肇基王業之祖。在女真人社會內部分
散的奴隸主政權間經歷過無數次的兼併重組之後，才在距
瀋陽東北方向約 200 公里的新賓設立了帝王之位，建立了
後金國，成為一方的大國。努爾哈赤又進行了大量的兼併
征戰，到皇太極時代的 1636 年，改後金為大清，建立了
滿、蒙、漢三個八旗，為入主中原作了充分的政治、軍事、
文化以及人才各方面的準備，終於完成了清帝國的統一偉

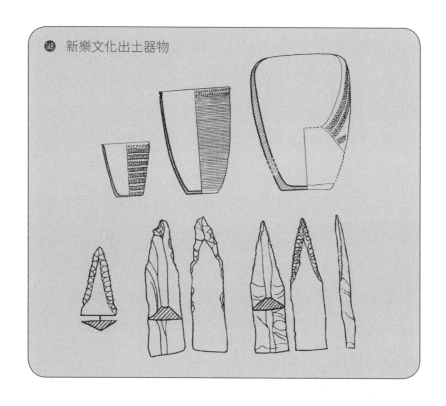

⑭ 新樂文化出土器物

業。這是秦漢帝國以後新一輪的由北方民族入主中原建立
帝國，幾次重復華夏族早期從古國—方國—帝國的三部曲
的翻版。

關於滿族的開國史，我在 1994 年 5 月與日本富山電
視台內藤真作社長的一次有關 "環渤海—環日本海考古"

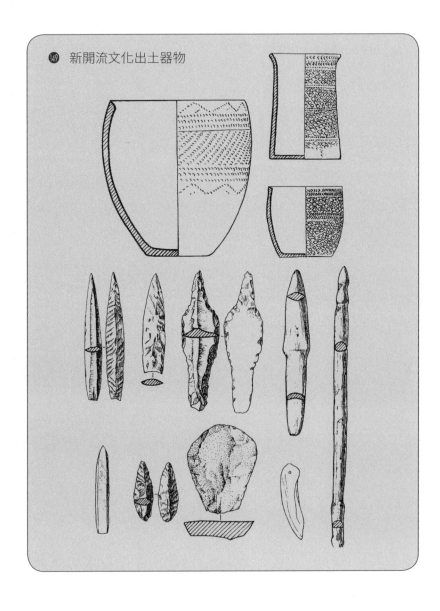

⑭ 新開流文化出土器物

❶❺⓿　承德避暑山莊城牆和外八廟

的談話和以後多次談到過：滿族開國史有特殊意義，不可
小看。起源於白山黑水間的滿族是漁獵民族，從黑龍江新
開流文化到瀋陽新樂文化都以漁獵為特色（圖 ❶❹❽ ❶❹❾），兩
者不能說沒有淵源關係。漁獵民族天生沒有國界概念，卻
能同賴以生存的自然界保持協調一致，這是漁獵民族優於
農牧民族的地方。滿族一開始就有一種一往無前的開拓精
神，在處理民族關係方面善於總結歷代經驗，敢於說長城

內外是一家。延續幾千年的長城，經歷 2000 年的民族大遷徙、大融合，竟奇跡般地被清朝康熙、乾隆兩代經過上百年營建的承德避暑山莊這個人類歷史上最具傳奇色彩的建築群取而代之（圖 ⑮）。自秦漢以來以築長城，設重防把草原民族與中原農耕民族對立起來的格局，徹底地、一勞永逸地解決了，這是中國自有文字記載的歷史以來一個重大歷史事件的總結。中國古代國家發展模式的三類型，特別是最後一二千年間的史實，應對我們理解"古與今"的接軌有所啟發。

註釋

1　大約同時，在濟南召開的中國考古學會第九次年會閉幕式講話上，文物出版社和台灣光復書局合作出版的十卷本《中國考古文物之美》序言中，以及內蒙古自治區文物考古研究所建所 40 周年紀念文章中，都着重闡述了這一觀點。

2　1975 年國家文物局在承德召開北方七省文物工作會議時，文物處負責人陳滋德同志同我談今後文物保護還要貫徹"兩重兩利"方針，問我"兩重"的重點是甚麼？我當時回答："古城古國"。

七

雙接軌

中國考古學文化區系類型學說的建立，中華文明起源和國家形成系統概念的形成，不僅使重建中的中國古史逐漸清晰起來，而且進一步提出了中國考古學與世界考古學接軌，古與今接軌的新課題。

中國是世界四大文明古國之一。世界不能沒有中國，世界史不能沒有中國史。但一個不容回避的事實是，中國學者寫的世界史都不包括中國史，蘇聯學者寫《世界通史》中國部分要委托中國學者來寫，這都說明中國史在世界史中的地位與現在的研究狀況很不相稱。在這方面，歷史學家有責任，考古學家也要意識到自己的責任。

其實，中國歷史傳統就是"天下國"，有"中央"，有"四裔（夷）""四隅"，並無自大，歧視"化外"，而是局限於交通條件，凡與中國通，都包羅在內。中國正史都不乏對"四夷"單獨列傳的記載，《史記》就是寫世界史，實質上中國史從來是既有中外之分，又有"天下一家"的理想。從考古學上看，中國古文化是土生土長的，又是在與周邊民族文化交流中發展的。而考古學文化區系類型的建立和中國文明起源討論的深入，把中國歷史與世界歷史的關係

引向一個全新的認識 —— 這就是"世界的中國考古學"的
提出。

　　我們早在考古學文化區系類型形成過程中，就把中國
考古學文化的六大區系分為面向海洋的三大塊，即以山東
為中心的東方，以太湖流域為中心的東南部和以鄱陽湖—
珠江三角洲為中軸的南方；和面向歐亞大陸的三大塊，
即以燕山南北長城地帶為重心的北方，以關中、豫西、晉
南鄰境為中心的中原和以洞庭湖、四川盆地為中心的西南
部。提出"世界的中國考古學"，一方面把區系觀點擴大
為"世界的"觀點，從世界的角度認識中國；一方面在用
區系觀點看中國的同時，也用區系觀點看世界。這樣分析
的結果，正好是中國的兩半塊與世界的大陸文化和海洋文
化這兩半塊相銜接。中國在人文地理上這種"兩半合一"
和"一分為二"的優勢在世界上是獨一無二的。中國傳統
史學有"四裔"和"華夏"之別，如從區系的中國和區系的
世界觀點看，四裔正是中國的兩大塊和世界的兩大塊，即
舊大陸和環太平洋這兩大塊的銜接點和橋樑，四裔地區古
文化在中國與世界的比較及其相互關係中佔據更突出的地

位。20 世紀後半段（二戰以後）世界考古學的大發展已表明，東西方古代文明的發展是大體同步的。東西方從氏族到國家的轉折大致都在距今 6000 年前；彩陶的產生，由紅陶、彩陶為主發展為以灰、黑陶為主的文化現象的出現也大體同步。世界三大古文明中心 —— 西亞北非、中國為代表的東亞、中南美，經歷過類似的從氏族到國家，而國家又經歷過從古國到帝國的不同發展階段。與東方秦漢帝國相對應的羅馬帝國，是在近東古文明影響下產生的，是聯合組成的大國，屬於"次生型"的國家起源模式。隨着羅馬帝國的解體，很快在歐洲產生了許多多民族、多語系的國家，這同大約同時代秦漢帝國解體後的形勢也十分相似。

就中國與世界古文化的關係而言，中國考古學文化所劃分的六大區系中，廣義的北方中的大西北聯繫着中亞和西亞；大東北聯繫着東北亞；東南沿海和中南、西南地區則與環太平洋和東南亞、印度次大陸有着廣泛聯繫。源於草原文化的周秦文化都帶有西方色彩，料器（琉璃器）、三棱銅箭頭以及鐵器、屈肢葬這些因素在中亞、西亞早一步，是周人和秦人把西方的這些因素帶到中原來的，這樣就將中國與歐亞大陸連起來了。其實最遲從舊石器時代晚期起，歐亞大陸以至新舊大陸之間就有了交流。發現於渤海灣東北岸的營口金牛山人，是世界上罕見的保存了頭骨、肢骨和大量體骨的古化石人類，金牛山人距今 20 餘萬年，不論地質年代還是動物群，都表明它與北京人晚期有相當一段時間是共存的，但金牛山人的體質特徵遠較北京人為進化，頭骨比北京人進步，上肢骨比北京人更為進步，由於金牛山人的進化比北京人早一步，使渤海灣成為連接亞洲與美洲的鎖鏈，美洲人應來源於此。到了舊石器時代晚期，在金牛山附近海城小孤山洞穴遺址發現了以有孔骨針為代表的縫紉技術。骨針雖小，卻意義重大，有了骨針解決了縫製皮衣問題，人們就可以進一步離開洞穴，走向平原，走向寒冷的北方，越過白令海峽走向新大陸。中國東半部史前文化與東亞、東南亞乃至環太平洋文化圈的廣泛聯繫突出表現為，有段石錛以及作為饕餮紋祖型的誇張、突出眼睛部位的神人獸面紋的藝術風格等因素，與環太平洋諸文化中同類因素可能有源流關係。從嶺南到南太平洋諸島，海流、季候風有規律性變化，海島是基地，獨木舟就可飄過去，一年可往返一次，交流的機會很多，直到新西蘭島。中國中南、西南地區與印度次大陸的關係以嶺南到雲貴高原的有肩石器（斧、鏟）為典型，有肩石器的分佈到印度河為界，在那裏與印歐語系諸文化因素銜接（圖 ❺❶ - ❺❸）。總之，圍着地球轉一圈，南北都有海陸連接點，中國是一個關鍵地帶。

世界文明發展階段的大致同步，發展道路有相近的一面，以及彼此的相互交流都表明，地球是獨一無二的，因而世界文明發展具有"一元性"。開放、交流是世界歷史、文化發展的總趨勢，也是中國歷史發展的總趨勢。從舊石器時代起直到今天，中國文化從來不是封閉和孤立的。誠然，中國歷史上有過"中華帝國無求於人"的閉關鎖國的政策和時代，但事實上的內外交流幾乎一天也沒有停止過。陸上絲綢之路、海上絲綢之路、陶瓷之路如此，不見經傳的條條通衢更是如此。閉關鎖國不過是封建統治者的主觀願望而已，民間的物質文化、精神文化的開放交流從未被鎖國政策真正扼殺過。不絕於史書的溝通中外的名

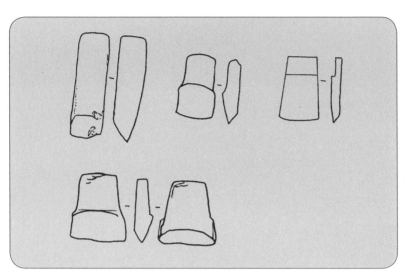

⑮　有段石錛

上排是河姆渡、海豐、餘姚出土，下排是香港長沙欄出土

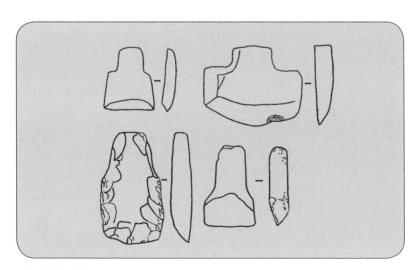

⑯　有肩石器

上排是石峽、廣州出土，下排是廣東廣四牛角崗、香港出土

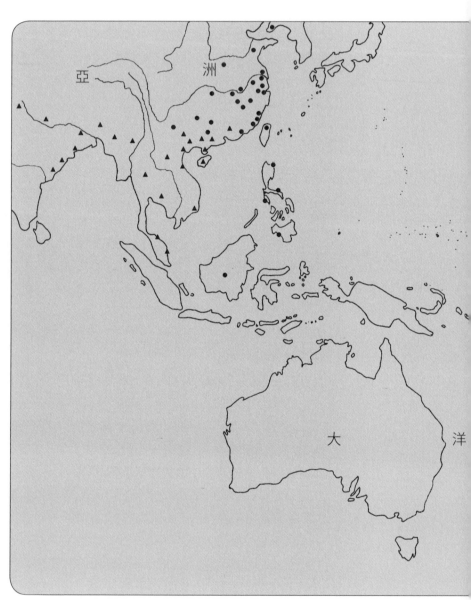

❶❺❸ 南太平洋及南亞地區有段石錛和有肩石器分佈示意圖

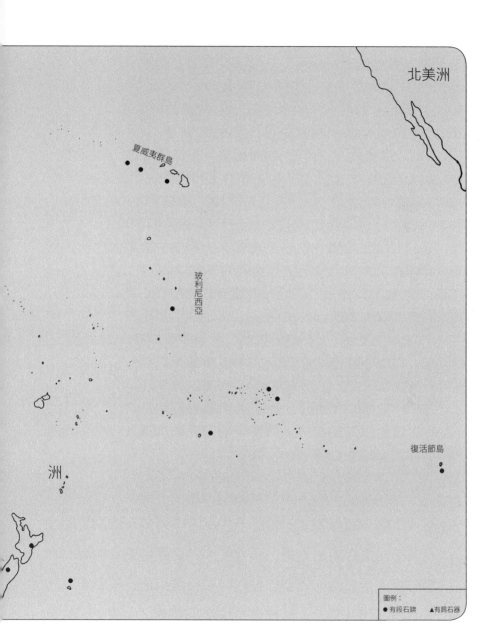

人、功臣們的業績，只不過是綜合構成、開拓疏通了世界文化交流網絡中的一些環節和文化交流史上的一些輝煌的瞬間。所以，中國歷來是世界的中國。

同時我們還應明確，中國兩半塊和世界兩半塊的銜接，大頭在中國。世界上沒有哪一個像中國如此之大的國家有始自百萬年前至今不衰不斷的文化發展大系。我曾將中國歷史的基本國情概括為"超百萬年的文化根系，上萬年的文明起步，五千年的古國，兩千年的中華一統實體"。說到超百萬年的文化根系，證據在渤海灣西側陽原縣泥河灣桑乾河畔，那裏有上百米厚更新世堆積的黃土地。在更新世黃土層的頂部有1萬多年前的虎頭梁遺址，在更新世堆積的底層有100萬年前的東谷坨文化。它們代表着目前已知的舊石器時代文化遺存的一頭一尾，而且都是以向背面加工的小石器為主的組群，代表着中國舊石器文化的主流傳統。值得指出的是，東谷坨人已能選用優質的燧石為原料，小型石器的類型已較固定，打製技術已較熟練，已具有明顯的進步性，因此東谷坨文化並不是中國文化的源頭，真正的文化源頭還要到超百萬年的上新世紅土層中去尋找。從超百萬年的文化根系，到萬年前的文明起步，從五千年前氏族到國家的"古文化、古城、古國"的發展，再由早期古國發展為各霸一方的方國，最終發展為多源一統的帝國，這樣一條中國國家形成的典型發展道路，以及與之同步發展的中華民族祖先的無數次組合與重組，再到秦漢時代及其以後幾次北方民族入主中原所形成的中華民族多元一體的結構這一有準確時間、空間框架和豐富內涵的中國歷史的主體結構，在世界上是舉世無雙的。它所提供的對在如此廣闊的國土上豐富多彩而又相互聯繫的文化，作出縱、橫發展的"庖丁解牛"式的辯證統一的研究的條件，在全世界也沒有哪個國家具備。所以，中國史在世界歷史發展進程中是大頭，以"考古學文化區系類型學說"的理論方法和"中國古代國家形成的系統概念"的提出為標誌的中國考古學派的出現，在世界考古學史上也是全新的，它將對即將跨入 21 世紀的世界考古學和歷史學研究起到巨大影響。

走向 21 世紀的中國考古學，在與世界接軌的同時，必然也要面對未來。實現古與今的接軌，要思考人類正面臨的根本問題，如人與自然的關係問題。這是全人類的問題，也是考古學要長期探索的問題。

　　舊石器時代幾百萬年，人與自然關係是協調的，這是漁獵文化的優勢。距今一萬年以來，從文明產生的基礎——農業的出現，刀耕火種，毀林種田，直到人類文明發展到今天取得巨大成就，是以地球瀕臨毀滅之災為代價的。中國是文明古國，人口眾多，破壞自然較早也較為嚴重。而人類在破壞自然以取得進步的同時，也能改造自然，使之更適於人類的生存，重建人類與自然的協調關係。中國擁有在這方面的完整材料，我們也有能力用考古學材料來回答這個問題，這將有利於世界各國重建人類與自然的協調關係。上面提到的“超百萬年的文化根系”就包含人類智慧積累已有上百萬年，萬年太短，有名有姓的記載就更短，大多數還是未知數。孔夫子有一句很要緊的話：“天不愛其道，地不愛其寶，人不愛其情”（《禮記·禮運》），“道”是規律，“寶”是資源，“情”是人與人關係，這句話說的是人類不能不按自然規律辦事，不能破壞地球，同時也講到人與人之間也要協調一致。人非生而平等，平等是爭取來的，還是林肯說得好 ——“民有、民治、民享”，儒家的思想就是天下一家。老子《道德經》五千字，無時間、地點、人物，是超時空的科學，講人與自然的關係，更涵蓋宇宙。如果儒學從周公時起，道學是後起的，道學的哲學理論原比儒學更精練，更高一層，而且是入世的，不像佛學是出世的，道家的哲學理論更符合現實生活。所以面對人類面臨的人與自然界以及國與國、人與人關係這一難題，西方人希望從中國文化中尋找出路。21 世紀的中國學將要成為世界學。

回想 1940 年代初，也就是我寫《瓦鬲的研究》前後，當時北平研究院院長李石曾常講哲學史上一句名言，說真正的科學應該是“其大無外，其小無內”（《莊子·天下篇》）。中國考古學把現代生物分子學引進來，形成自身的方法論，從研究一種器物（瓦鬲）到解剖一種文化（仰韶文化），到形成區系類型學說，是從其小無內到其大無外，在此基礎上提出中國文明起源的系統完整概念，提出中國兩半塊和世界兩半塊接軌和世界文明一元論，是其大無外，說明中國考古學已步入真正的科學軌道。

　　在社會發展與學科發展的形勢下，作為中國學者，我們應有這樣的認識，研究正在面向世界，面向未來的中國考古學，既要由中國學者來做，也應有世界學人來參加，中國考古學已有了自己的特色，有了自己的理論基礎，有了重建中國古史的框架、脈絡，我們學科的成就已為中國考古學與世界接軌，與未來接軌打下了基礎，取得了發言權。我們已經找到了自己在世界歷史和現實上的立足點，我們已經站在新的起跑線上，我們的目標是明確的。讓我們一起迎接中國考古學新世紀的到來吧。

七　雙接軌

附錄一
中國考古學文化區系年表

區＼系		以燕山南北長城地帶為重心的北方				以山東為中心的東方			以關中、晉南、…為中心的中…			
年代	距今	內蒙古中南部（河套・河曲）		遼西	遼東	膠東	昌濰	泰沂	隴山西（屬北方）	隴山東	寶雞至陝縣	陝縣至洛…（含晉南…）
新石器時代	10000											
	8000			查海	興隆窪			後李	大地灣（下）	北首嶺（下）	老官台文化	文化
	7000				新樂下層　小朱山下層	白石（下）北莊	西南莊	王因（下）北辛　西桑園	仰韶文化	仰韶文化　石嶺下	仰韶　半坡類型	仰韶　廟底溝類型
	6000	仰韶文化（廟底溝類型）		趙寶溝文化　紅山文化　富河文化	後窪下層　後窪上層　小朱山中層	後窪圈　楊家圈		大汶口早　大汶口中　大汶口晚			後仰韶文化	（廟底溝二期）
	5500	阿善二期							馬家窰廠（半山馬廠）			陶寺文化
	5000			（小河沿）後紅山文化					齊家文化	客省莊二期文化		二里頭（夏文化）
青銅器時代	4500	阿善三期			小朱山上層		桐林丁公	龍山文化　岳石文化				
	4000			夏家店下層文化	北溝							
	3500		朱開溝（一—五期）							先周		晉文化
	3000			魏營子　燕文化				齊魯文化		先秦文化		
鐵器時代	2500			夏家店上層文化								
	2000											

洛陽至鄭州	蘇魯豫皖交界	以環太湖為中心的東南沿海					以環洞庭湖與四川盆地為中心的西南部		以鄱陽湖-珠江三角洲為中軸的南方	
		寧鎮	蘇北	杭嘉湖	寧紹	浙西南	江漢平原	四川盆地	江西	廣東
南莊頭 磁山									仙人洞(下) 仙人洞(上)	西樵山 玲瓏岩
	青蓮崗	北陰陽營(下)	馬家浜文化 ── 崧澤文化 ── 良渚文化 (馬橋)		河姆渡文化(下層)		石皂(下) 彭頭山 城背溪 紅花套 關廟山 青龍泉(下) 下王崗 大溪文化	三星堆(底層) 三星堆一期	築衛城(下)	前石峽 石峽文化(下文化層墓) 山背(下)
	尉遲寺	薛家崗					屈家嶺文化 石家河文化 青龍泉(上)	三星堆二期	築衛城(中)	石峽中層
(龍山文化)	二里頭文化	北陰陽營(上)	後良渚文化 吳越文化				盤龍城 楚文化	三星堆窖藏 十二橋 蜀文化 巴文化	吳城 磨盤墩大王嶺	石峽上層

附錄二

百萬年連綿不斷的中華文化

——蘇秉琦談考古學的中國夢

蘇秉琦先生自述，他至今 60 年的研究過程可分為兩段，前 30 年主要精力花在兩個方面：一是繞出兩個怪圈，即根深蒂固的大一統觀念和把社會發展史當作全部歷史；二是找到新的起點。其中第二階段可以 1975 年開始提出“區系類型學說”為起點。蘇秉琦先生認為，自己在這 20 多年中又走出了兩步：一是從宏觀角度，圍繞中國文明的起源問題，用區系觀點選擇田野工作重點並做理論探索，最終是為闡明把億萬中國人凝聚到一起的基礎結構；二是從微觀角度，應用分子分析方法，圍繞中國文明起源問題對中國文化傳統中長期起積極作用的因素進行研究，找到它們從星星之火變成燎原烈火，從涓涓細流匯成滔滔江河的“破密”的鑰匙。

問：香港《明報月刊》總編輯古兆申先生曾拜訪您，就《明報月刊》讀者關心的一些問題向您請教。但他公務纏身，匆匆回港，委托我繼續做這件事，我代表《明報月刊》編輯部向您致謝。

蘇秉琦（以下簡稱蘇）：我正式從事考古發掘、研究已 63 年，算得上是考古界一個老兵，把所知、所得公之於世，是我的職責。

問：第一個問題是，1986年您在遼寧"興城座談會"上的《文化與文明》講話中提到，對中華文明的思考，今天已不像"五四"時代那樣簡單，而是要構想如何建設同五千年文明古國相稱的現代化文明，引申出來的思考就是：中華文明的民族靈魂是甚麼？精神支柱是甚麼？這其實也是當今中國人都十分關心的問題。由於當時您講話的對象是考古界，着重談了中華文明起源的幾種形式，對後面的問題未做詳述。現在希望您具體談一下這方面的想法。

第二個問題是，在您主編的《中國通史·第二卷》"序言"中說，中國遠古史涉及兩個重大問題，一是從猿到人，二是從氏族公社到國家。中國考古學半個多世紀的發掘與研究證實這兩個階段的文化一脈相承，否定了20世紀初中國人種、中國文化外來的看法。從舊石器時代到今天，中國文化的發展連續不斷，是世界上獨一無二的。那麼，關鍵性的原因是特殊的文化生態環境，抑或是特殊的物質文化造成的特殊意識形態？是世界觀起了決定性的作用，還是由多種原因造成？

　　第三個問題是，人類社會進入文明階段是以甚麼物質文化條件的出現為標誌？西方考古學的觀點是以文字、城郭、金屬生產工具的出現為重要標誌，但中國考古學界近20年的討論衝擊了這種認識。牟永抗、吳汝祚兩先生在《水稻、蠶絲和玉器——中華文化起源若干問題》一文中，以水稻、蠶絲和玉器作為中國原生文明的重要特色。他們認為，對說明中華文明起源來說，宗廟比城牆更重要，而玉器作為一種禮器，也達到了很高的意識形態層次。我們是否一定要用文字、城郭來標誌文明呢？中華文化作為一個連續發展的文化體系，可否歸納出標誌自己文明起源的特質呢？

　　第四個問題是，"玉器時代"的提法能否成立？"玉器時代"相對於"石器""銅器""鐵器"三個時代而言，似乎更能體現中國文明的特色。這一提法，和其他三種時代的提法，出發點有無不同？學術界有無爭議？

　　第五個問題是，您以"區系類型論"指出，中國新石器時代已出現了六大區系文明，上古的神州是多民族、多源文化並進發展的格局。秦統一後，中國仍是多民族國家，但是秦始皇提倡書同文、車同軌，又統一度量衡，使中國文化走向一體化。那麼，此後先秦時的多源文化是否仍涵涉其中？秦漢的統一對中國文化往後的發展而言，會不會改變其從前那種多姿多彩的面貌？一體與多元有沒有矛盾？統一的作用是積極性多，還是消極性多？

第六個問題是，您提出的"區系類型論"已成為當今中國考古學的基礎理論。但用這一學說來論述秦以後的中國文化發展，是否依然適合？就我所知，即使對論述新石器時代也仍有爭議，如安志敏先生在《論環渤海的史前文化——兼評"區系"觀點》一文中所述。您對此有何評議？

蘇：古先生提出這樣一些問題，說明他對中國考古學的現狀很了解。他所提的六個問題，大致可以概括為三個大題，即"考古學文化區系類型理論"在史學、考古學等學科研究中的作用；中國文明的起源與發展，即中國國家的形成、中華民族的形成的特點與道路；中國文化傳統的精華（即精神支柱、民族魂）是甚麼？對於這三個問題的研究和探索，是我一生奮鬥的中心。1994年，當我85歲

生日時，我的學生寫了幾十個字祝壽說：“歷史已逝，考
古學使他復活。為消失的生命重返人間而啟示當今時代
的，將永為師表。”他們就是這樣理解我的。

在具體說明這些問題前，先敍敍家常，算作背景材料
吧。我的學生和朋友編輯出版了我的第二本論集《華人‧
龍的傳人‧中國人 —— 考古尋根記》。我寫了一篇不足
2000 字的自序，題目是《六十年圓一夢》。我的夢就是考
古學的科學化和大眾化。這個願望現在已實現了很多，
《明報月刊》的來訪及所介紹的讀者的關心，也說明了這
一點。科學化、大眾化是這門學科的發展方向和必然歸
宿。我 60 年的研究過程可分為兩段。前 30 年主要精力花
在兩個方面：一是繞出兩個怪圈，即根深蒂固的大一統觀
念和把社會發展史當作全部歷史；二是找到新的起點，即
從對一種古器物（瓦鬲）的研究到對一種古文化（仰韶文
化）的研究。這個新起點，對以後中國考古學研究的新進
展是具有相當意義的。

第二階段可以從 1975 年開始提出“區系類型學說”為
起點（“文化大革命”的 10 年，也是我不停思考這個學說

的 10 年）；1980 年時我又說："在國際範圍的考古學研究
中，一個具有自己特色的中國學派開始出現了"，此時這
個思想已經成熟。"文化大革命"以後的 20 多年，是中國
考古學迅速發展的好時期，"區系類型理論"得到普遍應
用、檢驗，日益完善，成為我國大多數考古學者的共識，
發揮着基礎理論的作用。我在這 20 多年中又走出了新的
兩步：一是從宏觀角度，圍繞中國文明的起源問題，應用
區系觀點選擇田野工作重點並做理論探索，最終是為闡明
把億萬中國人凝聚到一起的基礎結構；二是從微觀角度，
應用分子分析的方法，圍繞中國文明起源問題，對中國文
化傳統中起長期積極作用的因素進行研究，找到它們從星
星之火變成燎原烈火，從涓涓細流匯成滔滔江河的"破密"
的鑰匙。這是在前一階段工作基礎上合乎邏輯的發展。
我和許多朋友已經走過了第一步，正在用心地走第二步，
《明報月刊》讀者關心的三大問題，我就是在這樣一個過
程中逐漸得到現有認識的。

如何繞出怪圈？

問：能否簡要地講一講您是如何繞出"怪圈"的？

蘇：1934 年我從北師大歷史系畢業，進入北平研究院史學研究所工作，副院長李書華把我安排在考古組，從此開始了我的考古生涯。當年即隨徐炳昶老師到了陝西寶雞，目的是找先周、先秦的遺存。先發掘鬥雞台，後來又沿渭河做了調查。關中地區的考古工作到抗戰開始後被迫停頓，我受命把這批發掘資料運到大後方。1939 年初，在昆明的黑龍潭安頓下來。我一個初學者面對百十多座墓葬的"啞巴"材料，就像學讀"天書"一樣，如醉如癡地摩挲、端詳，苦思這批從未有人認識的陶器、陶片及其他隨葬品在文化上的意義。不知經過多少個日夜，終於從幾十件瓦鬲中找到破譯"天書"的"密碼"。

瓦鬲是中國獨有的器物，分佈地區廣，時間延續又長（約距今 5000 至 2000 多年），可以說是中國文化的"標準化石"。我按照發生學原理把瓦鬲分為四種基本類型，描繪出各自的"譜系"，進行了分期，並推出變化過程。研究的結果使我明白，相當於商王朝時期，周人已在西部關中興起，殷人的瓦鬲和先周時代的周人瓦鬲共存。從寶雞地區的瓦鬲上又可看出，先周文化有兩個來源，一是西北方向來的姬姓成分，一是關中土著的姜姓成分。到了周王朝時期，秦人已在關西興起。當秦人東進到寶雞地區時，帶來了素面袋足鬲、屈肢葬、鐵器等文化因素。這就使原已有的商、周、秦不同源，各有文化發展脈絡的想法（王國維已有類似意見），得到了考古學實證。1940 年我寫了10 萬字的《陝西寶雞鬥雞台所得瓦鬲的研究》，得到同在後方的李濟、梁思永、吳金鼎、石璋如諸位先生的肯定和鼓勵。稿子交由當時在香港的商務印書館出版，後因香港淪陷，書稿下落不明，直到 1948 年發掘報告才由北京大學出版社出版。瓦鬲研究的基本結論，是我繞出根深蒂固的大一統怪圈的重要嘗試。至於另一個怪圈，則是 1950年代後期至 1960 年代前期才繞出的。

新中國成立後，我有幸參與了文物考古事業的最初籌劃。1950 年成立了考古所。當時百廢待興，大規模的基本建設急需大量考古人才進行工作，僅僅一個考古所是不夠的。裴文中、梁思永等人,還有我,策劃了考古工作人員訓練班。1952 年至 1955 年間,共辦了四期。在此期間,從考古學科的長遠建設考慮,1952 年又決定在北京大學設立考古專業,由我與向達先生共同組織、主持。我把相當多的精力投入這項工作,認真思索學科建設和教學、科研的方向問題。當時,"向蘇聯學習"的口號高唱入雲。我們向蘇聯莫斯科大學索要了考古教學大綱,請來蘇聯專家講學,按蘇聯模式辦學。當時考古界忙於挖坑發掘、整理資料、發表報告。大學生們思想活躍。1956 年在"向科學進軍"的號召下,特別是在 1957 年至 1958 年的政治風雲涌動下,學生們慷慨激昂地提出,在考古教學、研究中要"貫穿紅線""見物又見人"。我請了老朋友、考古界的老革命家、考古所尹達副所長來北大做了以"建立馬克思主義考古學體系"為突出內容的報告。後來又施行教學革命,師生一起寫書,參加中國歷史博物館新館的陳列設計。當時以為一手拿着馬克思主義的經典理論,一手拿着考古實物資料,兩者一結合,就會建成馬克思主義的中國考古學。大家努力了,但結果誰都不滿意,於是產生了困惑。我反復思考後感到，馬克思主義的歷史唯物論與考古學專業理論屬於不同層次；發展中國考古學並沒有現成模式，只有開闢自己的路。

　　機會來了，1958 年至 1959 年，有兩個年級的學生在陝西華縣泉護村、元君廟仰韶文化遺址發掘實習。我在指導整理材料的過程中，從大量文化因素中提取了在八百里秦川各仰韶遺址中普遍存在的三類六種陶器，作為仰韶文化的"分子"；並由此重新界定仰韶文化的"類型"，認識到仰韶文化的半坡和廟底溝是各自發展而又相互依存的兩個主要類型。這是認識仰韶文化基本特徵、社會發展程度、分佈和源流等方面的基礎。當時得到的認識，集中反映在《考古學報》1965 年第 1 期《關於仰韶文化的若干問題》一文中。

　　我通過解剖仰韶文化這隻"麻雀"，頓悟到考古學研究必須對仰韶文化遺存做分子分析，並在不同遺存間進行文化分子的比較研究，確定哪些遺存屬於同一文化共同體，每一文化共同體各自經歷怎樣的發展過程，又受何種動力驅使，如何一步一步地前進。仰韶文化的典型解剖啟發我們，在 960 萬平方公里的中華大地上，不知存在過多少這樣的文化區系。我就是這樣繞出了把考古材料硬套社會發展規律教條的怪圈。繞出這兩個怪圈，也就找到了新的起點：中國古代文化是多源的，必須按實際存在的不同系統尋其淵源、特徵及各自的發展道路。這一認識為我以後的研究奠定了新基礎，孕育了考古學文化"區系類型"的學說。

"區系類型學說"的主要論點

問：請簡要介紹一下"區系類型理論"的主要論點及其指導意義。

蘇：1975 年我在考古所給吉林大學同學講中國史前文化的總體分析，首次提出了考古學文化"區系類型學說"。此後數年中，應中央民族學院研究部、鋼鐵學院、北京大學以及北京史學會等單位之邀，對此做了反復闡述。這一理論的主要之點是，在中國古文化大系內部，可分為六個大的文化區：

一、以燕山南北、長城地帶為重心的北方區；

二、以山東為中心的東方區；

三、以關中、晉南、豫西為中心的中原區；

四、以環太湖為中心的東南區；

五、以環洞庭湖與四川盆地為中心的西南區；

六、以鄱陽湖—珠江三角洲為中軸的南方區。

這六大區系又可以秦嶺—淮河為界分為南北各三區的兩半，或分為面向東南海洋和面向歐亞大陸的兩半。六大區並非簡單的地理劃分，而是着眼於考古學文化淵源、特徵與發展道路的差異。

我最初把"區"稱為"塊塊"。這三南、三北或三東南、三西北的六大"區"或六個"塊塊"，直到今天的現實生活中仍未完全消失，1950年代的行政大區劃分，並非偶然，而是有其歷史淵源的。

我把"系"又稱為"條條"，這是一個探索古文化源流的新概念、新範疇。我國古文化的起源與發展是錯綜複雜、連綿不斷、豐富多彩的，追本溯源時要考慮文化的分解與組合，以及與之有關的社會發展程度對文化發展所起的作用，特別是其中階段性的突變；還有不同文化間的相互作用。這就是"系"所包含的內容。

所謂"類型"，則指各大區系內部的不同分支，或稱為"小塊塊"。"類型"之間存在着發展的不平衡性，能明確顯現其淵源又有充分的典型特徵和完整發展道路的，往往只是一二小塊（類型）。也就是說，每一大區系中各有範圍不大的文化發展中心區域（常常是後來春秋戰國時期大國的中心區域）。

當然，古代文化區系並非一成不變，更不像今天行政區劃那樣界限分明，各大文化區系之間也還會有一些交匯帶。由於區系類型的理論反映了歷史的真實，因而並不深奧難懂。依我看，全國曾經存在過的幾百個"地區"建制，相當多的部分就與考古學文化中類型的分佈範圍差不多。

正因區系類型研究的最終結果可建立中國古文化的基礎結構，一經提出，即得到廣泛響應，並視為考古學的基礎理論之一。大家認識到，要研究中國史前社會，就必須有明確的"區""系"概念，如果像以往的歷史書那樣，把全國各地的考古材料湊到一起，用"紅線"串起來，顯然與有血有肉、豐富多彩的中國史前史相去甚遠。這除去客觀原因（如考古資料不如今日豐富）外，更重要的是因為把史前中國，特別是夏、商、周三代時期的中國，看成是鐵板一塊。

中原文化不是中國文化唯一來源

關於中國文明起源的問題，歷來有一些學者認為，不論在原始農業、製陶業還是文化的其他方面，中原從來就是最先進的；或認為中國文明起源於中原一地，然後才"光被四夷"，其結論就是中原中心論。在中華民族形成問題上則導致了漢族中心論，把漢族以外的兄弟民族視為"非我族類"，有了諸如"五胡亂華"之類的觀點。合理的態度應是認真按"區系類型理論"，對中國文化起源、中國文明的起源與發展（以國家的形成和發展、中華民族的形成和發展為主體）的系統性、階段性和多樣性這樣一些中國歷史中頭等重要的問題，做出更為接近史實的回答。

我還經常指出，這是一種辯證的方法論。我常舉"庖丁解牛”的故事。庖丁講，初學解牛，所見“皆牛也”，即都是全牛；經過一段解牛的實踐，再看到牛，則“無全牛”；最後達到“游刃有餘”的高超境界。以此類比，初級的能力只把古代中國視為“全牛”，而以“區系類型理論”當作解剖刀，就能認識“古代中國”這個“牛體”內部複雜的結構及其間的有機聯繫，達到“無全牛”的認識高度。有了這樣眼光的考古學的“庖丁”們，便能逐漸進入“游刃有餘”的境界。如果把認識一直停留在“皆牛也”的階段，豈不只是一個放牛娃！

可以再舉一個例子來說明。我曾提出“環渤海考古”是一個重要課題。古人所謂的“海”即是渤海，正如古人所謂的“河”，是專指黃河一樣。“環渤海”既指注入渤海的遼河、灤河、大小淩河、海河和黃河下游等流域，又指遼東、山東、朝鮮三個半島的廣大海域周邊及其腹地。還可以將其中的京、津、冀看作一片，遼河東西是一片，魯北和膠東半島又是一片。從另一種意義上說，如把“環渤海”看成是一個“區”，也不無道理，就像現在所說的“環渤海協作區”一樣。由其自然地理和人文、歷史關係而言，既可統屬廣義的北方，又可歸於我國面向太平洋的重心位置。渤海又是當之無愧的中國大門。中國古人認識這一點，比西歐人認識地中海更高明些。它是打開東北亞（包括我國大東北）的鑰匙，又是連接整個東南沿海的龍頭。"環渤海考古"指上述廣大區域諸文化區系間相互關係的研究，要把山東、遼東、渤海西岸的古文化同東亞、東北亞的大文化區聯繫起來考察。如果對此還有爭論，我看不必理會。"區系類型理論"不僅可用於分析遠古中國，也是認識秦漢以後的中國，甚至是整個古代世界的理論。

中華文明發展有自己的道路

問：您是否認為，中國古代文明史的核心問題是如何從氏族公社轉變為國家及國家發展的道路、民族的形成以及文化傳統問題？若是，能否先就前一問題談一談主要論點？

蘇：1980 年代中期，"區系類型理論"已經經受住了相當的實踐考驗，成為我國大多數考古學者的共識。在這一條件下，如要把學科建設再推進一步，就應深入探討各區系內部的文明進程，其核心就是國家的起源與發展。中國的歷史，自公元前 841 年起，有文字記載的編年史就沒有中斷過。3000 多年前的商代文明，特別是發達的青銅器，堪稱為世界古代文明中最突出的成就之一。然而，有人則以為中國文明始自商代，並認為是近東兩河流域成熟了的文明的再現與發展。考古證明這些推斷不符合事實。璀璨的中華文明有自己的個性、風格和特徵，需要找到自己的淵源。

對於中國國家起源與發展的認識，我概括為：

從氏族公社向國家轉變的典型道路：古文化—古城—古國；

國家發展的三部曲：古國—方國—帝國；

國家形成的三模式：北方原生型、中原次生型、北方草原續生型。

所謂"古文化"，指原始文化；"古城"指城鄉最初分化意義上的城和鎮，而不是普通含義的城市；"古國"指高於部落的、穩定的、獨立的政治實體。形成這些認識，得

益於遼西考古在 1980 年代前期的突破性收獲。最重要的
三項：

　　一是公元前 3000 多年紅山文化的石砌祭壇、女神廟
和積石冢遺址群（即習慣簡稱的 "壇、廟、冢"）的發現；

　　二是公元前 2000 年左右夏家店下層文化的赤峰大甸
子墓地、英金河沿岸鏈式城堡群的發現與深入分析；

　　三是作為秦帝國國門的綏中—秦皇島大型宮殿基址群
的發現與宏觀認識。

　　在這些收穫的基礎上，1985 年我做了《遼西古文化、
古城、古國》的講話，是想通過探索遼西地區文明的起
源、發展過程和方式，來推動中國考古界對文明起源問
題的思考。由於媒體的傳播，出乎意料，一時間竟形成了
"中國文明起源熱"。但由此也明白，這實在是值得關心的
大問題。

　　再說遼西的 "古文化、古城、古國"。遼西古文化有
興隆窪—查海、趙寶溝文化等，或稱之為前紅山文化。紅
山文化的極盛期大約在公元前 3000 年左右，也就是產生
"壇、廟、冢" 的時期。"壇、廟、冢" 遺址群所在的建平、

喀左、淩源三縣交界的數十平方公里範圍內，沒有發現日常生活居址，這裏顯然是某個較大社會實體的宗教活動中心。既然有大型的"積石冢"，就必定有了階級、階層的分化；既然有祭壇和神廟，當然有神職人員；既然發現不少真玉製作的禮器、神器，肯定已經存在着專業玉匠；還發現了冶銅遺跡，而銅器的鑄造從採礦、冶煉到澆鑄，是複雜的工藝過程，必然存在一種有組織的協作勞動。可見，遼西地區的古文化到紅山文化時期出現了新的勞動領域，更新了技術，促進了社會分工及其專業化。社會的分化除出現貴族、軍事首領外，還表現為祭司或巫師的存在。

當社會分工與分化達到一定程度時，必然導致"城"的出現，"城"是一種表示經濟、社會文化發展程度的概念，不一定有"垣"。西亞早在9000年前無陶新石器時代的聚落中，就出現了石砌的"垣"，而商代殷墟遺址至今也還未發現城垣。遼西那個擁有"壇、廟、冢"祭祀中心場所的社會實體，應該已是淩駕於氏族公社之上的，又高一級的社會組織形式了。與大面積宗教活動場所相應的生活聚落，想必也會表現出相當程度的分化，應具"古城"

性質，甚至可能已是一個原始的國家 ——"古國"了。從紅山文化中看到的這種基於社會分工、分化而形成的"古國"，我歸類為"原生型文明"。這是中華大地上最早的原生文明，所以又稱之為"中華文明的曙光"。

遼西的材料也表現出了"古國—方國—帝國"這一國家發展的三部曲。

在紅山文化、後紅山文化那種文明初期的古國群的基礎上，公元前 2000 年初期，遼西地區發展起一支早期青銅文化 —— 夏家店下層文化，遼西又到了一個歷史上的文化昌盛期。在一處"大甸子"墓地中，一些貴族大墓隨葬了許多象徵特殊身份的器物，如權杖的銅杖首、成組的精美玉器、仿中原銅器的陶器以及大量有複雜紋樣的彩繪陶器。這種彩繪陶器，決非日常用具，而是禮儀重器，與其他區系的青銅禮器有類似性質。如做綜合考慮，當時的社會結構肯定要比紅山時期複雜。這一文化還有另一突出特徵是，密集分佈在河谷地帶的聚落幾乎都有防禦設施，一大幾小的城堡構成有機的群體；在英金河兩岸又有呈鏈式排列的城堡帶，似乎已具"原始長城"的性質。戰國、秦漢的長城大致與其平行，顯然受到了它的啟示。這就意味着當時已建立起統轄多個古國、獨霸一方的"方國"，進入了國家發展的第二階段。

夏家店下層文化之後是"夏家店上層文化"等多種文化的交錯共存。由夏家店上層文化到西周分封以前，直到西周時期的燕文化，其國家形態都還處於方國階段，只是發展程度有低有高罷了。燕文化及與之共存的其他文化，在周朝的 800 年中，為進入下一個更高的國家發展階段準備好了條件。

下一個階段就是秦漢帝國。遼西地區原有方國（群）已成為帝國的組成部分，秦漢在遼西打上了帝國的烙印。史書記載，秦統一後，營建了阿房宮、驪山大墓，同時也提到碣石。我們在渤海灣西岸，綏中的止錨灣和秦皇島的金山嘴一帶，發現了自秦始皇到漢武帝時營建的兩處大型宮殿建築群。兩處遺址群連成的東北—西南的直線，恰恰和渤海灣中由遼東旅順至山東北隍城島一線相對應，而又面對着矗立於海水中的"碣石"。遺址群分列左右的形勢，宛如宮城的雙闕，從這裏遠眺可把遼東半島、膠東半島及其所環抱的海域連為一體。史書記載,秦始皇最後兩次東巡到海邊,確曾有過擇地作"東門"(國門)的設想。秦皇島—綏中的兩組一體的建築群確似"國門",頗具秦漢統一大帝國的氣勢。

這樣,解釋遼西這三大文化古跡及其內在的邏輯聯繫,就從一個實例體現了中國國家起源(古文化—古城—古國)的原生型與國家發展的典型道路(古國—方國—帝國)。對於中國六大文化區系來說,國家的起源與發展,都走過了這樣的道路,雖各有特色,卻是殊途同歸。

中原文明是次生型文明

黃河中游的早期文明是"次生型文明"。公元前4000年前後是特別值得重視的里程碑階段,氏族制度發展到了極盛期,成為往國家方向發展的轉折點。但這裏古國的出現比北方的紅山文化晚一些,大約距今4500年。典型遺址是山西襄汾陶寺。陶寺有一處墓地,性質已超出了原始氏族—部落階段。大型墓葬的墓制與隨葬品,已不只是一般意義上的"豐富"，朱繪龍紋陶盤及成組彩繪陶器、成組漆木器，特別是巨型土鼓、鼉鼓和特大石磬等成組樂器，頗帶"王氣"，絕不是普通百姓的日用品，應是象徵王權的禮器。

　　我把中原文明說成是"次生型"，有兩個基本理由。一是因為陶寺遺存有華山、泰山、北方三個主根，還有來自太湖及其他區系的文化因素，更難排除北方紅山文化早期文明的影響。另一是洪水期與治水事業。治水事業大大促進了原始部落間的接觸與聯合，強化了管理公共事業的國家職能。在這裏，國家的出現既有社會分工、分化而來的內部動力，又有北方原生文明的影響以及治理洪水帶來的文化交融。因而就比最早出現的北方的"原生型文明"起點高、基礎廣。四面八方的文化成果匯集中原，形成了最初的"中國"，又經數百年發展，繼續吸納各地文化精華，終於產生了中國歷史上第一個載入史冊的夏王朝。《左傳》"哀公七年"謂"禹合諸侯於塗山，執玉帛者萬國"，夏王朝只不過是"萬國"中的一個"方國"，類似春秋的"盟主"。後經商、周時期，到秦始皇才完成了統一帝國的大業。需要指出的是，夏、商、周、秦並不是一脈相承的王朝更替，而是不同族源的方國間的替代。夏、商、周、秦各有起源與開國史。其中秦的建國史最完整，經歷了襄公（古國）、繆公（方國）、始皇帝（帝國）三部曲。

在我國全部古史中，"古國—方國—帝國"的公式多次重復，立體交叉。秦漢帝國解體之後的一二千年間，一直是北方草原民族大遷徙的時代。所謂的"五胡"，各有各的開國史；遼、金、元亦無不如此，直到清帝國。女真—滿族就曾經是一個比較落後，長期處於"四夷"地位的民族。由努爾哈赤上溯六世，為"肇基王業之祖"，在女真社會內部分散的部落政權（相當於"古國"）間進行了無數次兼併、重組，直到1616年才在瀋陽東北的新賓設立帝王之位，建立後金國，成為一方大國（方國）。自努爾哈赤到皇太極又進行了大量兼併征戰，1636年改後金為大清，建立了滿、蒙、漢三個八旗，為入主中原做了充分的政治、軍事、文化和人才的準備，終在1644年完成清帝國的統一偉業。在這裏，我想提一提清朝創業中一位了不起的女性 —— 莊妃（孝莊文皇后博爾濟吉特氏）。她不僅以民族利益為重，成為統治階級內部凝聚的核心，而且能吸收、繼承中國歷史上傳統的治國之道，集結、吸引各族優秀人才（如她對洪承疇的說服），為統一大業的準備立下了大功。可以說，一部清帝國的建國史，仍然是"古國—方國—帝國"這一公式的重復。

上述北方民族的文明起源與發展，顯然不完全是由本族自然成長的文明因素的積累，相當程度上是因受到漢族文明的影響，依靠歷史的借鑒和特定的歷史環境才以較快速度走了國家發展的捷徑，因此，我把這種發展模式的文明稱為"續生型文明"。

文明要素與文明因素之辨

問：有一些西方學者曾把"城市""文字""青銅器"視為"文明三要素"。國內也有人使用過這種提法。但有的學者不同意三要素之說，而提出了另外的幾要素。您能否就這一問題談一談。

蘇：剛才我講了，古城、古國是社會變革的產物，是

數種文明因素交錯存在、互相作用的綜合體。各區系自
有各區系特有的文明因素，以及這些因素出現的不同條
件（契機）。因此，很難說進入文明時代在物質文化方面
有甚麼統一的標準，或者說是有相同的物化形式。城市、
文字、青銅器這三者固然是文明因素，但不必把他們說成
是"三要素"。"要素"者，缺一不可。世界各地和中國的
考古發現一再說明，有一些文明是"三缺一"，甚至缺得更
多，卻有其他現象說明當時社會已經完成了由氏族公社到
國家的轉變。因此，我常說，不要從概念出發，還是要"具
體情況具體分析"。有甚麼文明因素就是甚麼文明因素，
然後分析其綜合發展程度能否說明當時已進入文明階段，
看看各區系的文明因素經過"輻輳""輻射"的交流，有哪
些逐漸變成中國古代文明的共同因素。這是一個由淺入
深、由個別到一般的研究過程。正如不必急於把"壇、廟、
冢"說成是"中國文明因素"一樣，也不必急於把"稻穀、
蠶絲、玉器"說成是"中國文明因素"，更不必在中國史前
史上另劃出一個"玉器時代"。當然，也不要貶低甚至否
定"壇、廟、冢"或"稻、絲、玉"在中國文明發展史上的

地位。它們最終都成了具有中國特色的古代文化、文明的重要因素。

黃河是不是中華民族的搖籃？

問：關於中華民族形成的途徑，也是讀者關心的重大問題，能否展開談一談？

蘇：我多次講過，中華民族是大熔爐的產物，而各文化區系也都是熔爐。這和以往所說的"黃河是中華民族的搖籃"有着明顯差異。過去把黃河中游稱作"中華民族的搖籃"並不確切，如果把它看成是在中華民族形成過程中起到重要凝聚作用的一個熔爐，可能更符合歷史真實。因此，對研究民族的組合與重組、中華民族的形成過程來說，區系類型的研究仍是重要基礎。中國古代文明多源一統的格局鑄就了中華民族經久不衰、歷時不散的生命力。

在中華民族的形成過程中，"古國"階段是各先遠支系形成期，也是多源一體格局的奠基期，距今四五千年間最為明顯。"方國"階段是夷夏關係互為消長和夷夏共同體重組、新生的階段，大約在戰國時期，多源一體格局初步形成。"帝國"階段把初步形成的多源一體格局從政治上固定下來，並不斷得到強化。

當萬年之前農業發生後，由於自然地理環境的不同，形成了三大經濟文化區：華南的水田稻作農業經濟文化區；華北和東北南部的旱地粟作農業經濟文化區；東北北部、內蒙古高原、新疆、青藏高原的狩獵採集經濟文化區，這是文化區系的第一次組合。

約在公元前 6500 年到公元前 5000 年間，在三大經濟區的基礎上逐漸形成了若干區域性的考古學文化。如黃河流域的老官台—大地灣文化、磁山—裴李崗文化、後李—北辛文化；內蒙古東南、遼西的查海—興隆窪等文化以及長江中游的彭頭山—城背溪文化等等。

公元前第 4 千紀間，由於農業的繼續發展和人口的增殖，在一些地區形成了殖民墾荒浪潮，出現考古學文化的大傳播和不同文化間的接觸、影響、融合。如廟底溝類型大舉西遷到甘青之間，向北湧入河套地帶；大汶口文化通過膠東半島渡海移民到遼東半島，等等。這是文化區系的第二次組合。約在公元前 3000 年之際，各區系稍有先後進入所謂"早期龍山""龍山"階段。各地分別以快輪製陶、養蠶繅絲、專業治玉、漆器工藝、燒製石灰、夯築技術、冶金技術等等促進了社會的發展，而這些新技術一旦出現，就會有一個推廣過程，即匠人流動、文化傳播的過程。同時也就促進了經常性的交換、貿易；刺激了掠奪、戰爭的經常化和武器的改進；出現並不斷強化防禦工事；引起了社會的大動盪、大改組，進入"古國"時代。這是文化區系的又一次大重組，表現為考古學文化分佈圖的大改觀，也是中華民族中漢民族形成之前最重要的一次重組，由此奠定了多源並趨向一體的基本格局。

進入"方國"時代，亦即夏、商、周三代，已有文字記載，出現了"四夷"與"華夏"的區分。如果說，夏、商兩代還是"諸夷猾夏""諸夷率服"那種夷夏較量而互為消長的話，周王朝時期則是"以夏變夷"為主流。在周初的大封建中，將"殷民六族"分封給魯公時，要求"使帥其宗氏，輯其分族，將其類醜，以法則周公"；將"殷民七族"分封給康叔時，要求"皆啟以商政，疆以周索"；將"懷姓

九宗"分封給唐叔時,要求"啟以夏政,疆以戎索"。(出
自《左傳·定公四年》)這都是按當地傳統辦事,有一點類
似今天的"特區特辦"。這正是孔子讚歎"鬱鬱乎文哉!
吾從周"的一個原因。西周之後又歷經東周 500 年的夷夏
融合,夷夏共同體 —— 漢民族終於形成。秦漢帝國能使
多源一體的中華民族得以形成、鞏固,可說是水到渠成。

長城是各民族文化的熔爐

在中國古代史上,南北朝時期又是一個極其重要的民
族大遷徙、大融合時期。陝北、晉北、冀北及內蒙古南部
這個大體東西向的燕山南北、長城地帶,從史前到三國時
代是北方畜牧文化與黃河流域農耕文化接壤、過渡地帶。
長城內外的兩種經濟類型、兩種文化傳統的民族(群)長
期接觸、共存,既經常衝突,又需要互補而互為依存。它
是一條很寬的"帶",直到近世仍是"那達慕"盛會分佈的
地帶。"那達慕"的主要功能之一就是組織農工產品與牧
業產品的交流。

　　長城是農區與牧區的分界，長城地帶也是一個活躍的民族熔爐。在歷史大動盪時期，這一地帶經常起到緩衝的作用。建立北朝的北方民族正是通過這一地帶的若干"口岸"南下的。北方民族入主中原，即所謂的"五胡亂華"，與歐洲的所謂"蠻族入侵"不完全一樣。"五胡"是牧人，他們雖也帶來戰亂，但還有北方民族充滿活力的氣質與氣魄。北朝的文化十分昌盛，其遺物、遺跡顯現了草原文化與中原文化結合的光彩。北朝文化在都城建築以及農業、科學技術、藝術等方面都留下了可稱為瑰寶的遺產。大唐盛世的諸多業績源於北朝，北朝經濟的發展也並不比南朝遜色。總之，北方草原民族不僅為中華民族注入了生命活力，還帶來了歐亞大陸草原民族文化，在中西文化交流上起到了重要作用。

　　北方民族南下的另一後果，則是造就了大批中原人南遷形成的"客家人"式的新群體，至於客家人在發展我國南方和東南亞的經濟、文化等方面的作用，當然無須多說。所以，只有用新觀點、新方法，才能從浩瀚的文獻和考古史料中發現既有中國特色，又符合一般規律的民族形成的歷史脈絡，重建一部內容豐富而又符合歷史真實的中華民族史。

多源一統、歷久不衰的文化

問：先生能否更深一層地談一談中國歷史地形成這樣一個多源一統的國家，中國文化又歷年不絕的主要原因？

蘇：多源一統的基礎結構是多種因素綜合的產物。有地理的因素，如多樣的天時、廣闊複雜的地利，造就了原始經濟的多樣性、文化的多源性。但中國的黃河與長江流域，沒有難以逾越的地理阻隔，有利於族群與文化的流動、接觸和多次重組。我在前面已談到，從距今萬年到距今4000多年的三次大的文化組合與重組，就是在這樣一個舞台上演出的。如果說，最早的三大經濟類型區中所見各自的共性，還主要是因經濟類型的一致而引起的，那麼距今七八千年的黃河流域，自西至東，從隴山到渤海，老官台—大地灣文化、磁山—裴李崗文化、後李—北辛文化雖然各有起源，各有特徵，但在經濟類型、日用陶器的製法、某些器別（如支座、磨盤、磨棒）甚至器形等多方面所表現出的一定共性，至少暗示着曾經存在過的聯繫。再如，在距今五六千年前，仰韶文化的廟底溝類型有着強大的擴散能力，其影響從關中向北達到黃河河套，向西直達甘青之交，向南至於長江沿岸，向東抵今山東省腹地。特別是到了距今四五千年的所謂"龍山時代"，幾乎整個黃河、長江流域各區系考古學文化的面貌，呈現了相當的一致性——以灰、黑陶的三足器、圈足器、袋足器為共同特徵。上述諸例，意味着文化的交流、族群的組合與重組，是在六大區系之間交互進行的，發展的方式也各不相同，或裂變，或撞擊，或融合。特別是到"龍山時期"八方文化精華輻輳中原之後，出現了以傳說中堯、舜為代表的"中國"。此後，這個"中國"就再也沒有真正地分解過。當然從堯、舜的"中國"到秦皇、漢武的"中國"，又經歷了多次重組。意識形態上與之相應的則經歷了由共識的中國到理想的中國而達現實的中國。這裏所謂共識的中國，指在"萬邦林立"的條件下，中原的古國由於治水、居中的地利以及個人等因素，萬邦諸侯"朝覲、訴訟之中國"

的"中國",這個"中國"只是一種共識。理想的中國,就是《詩經·大雅·北山》中"普天之下,莫非王土;率土之濱,莫非王臣"那種"中國",大一統"中國"的願望雖已明確,也只是周王朝的理想。真正成為現實的,則是秦漢帝國。所以中國多源一統的格局的形成,既有天時地利的環境條件,更有源遠流長的族群、文化融合的歷史趨勢以及思想上的共識等原因。

中華文明的精華是甚麼?

問:您提到中國的文化傳統問題,不論是歷史學者、其他學者還是一般讀者,都非常感興趣,非常關心。

蘇:回顧歷史,中國文化與中國文明起源問題被提出和受到重視的背景是中國近代歷史上的兩個轉折點。"五四運動"前後,國家、民族面臨危亡,社會上出現了對中國文化的反思:中國文化落後了,需要向西方學習甚麼?答案之一就是"德先生"和"賽先生"。到 20 世紀七八十年代之交,即中國共產黨十一屆三中全會之際,對中國歷史的反思又一次被提了出來：要開放，要建設現代化，建設甚麼樣的現代化？日本式的、新加坡式的和歐美式的當然不行。我們要建設的是與五千年文明古國相稱的具有中國特色的現代化。這就自然而然地提出五千年文明的精華是甚麼，民族靈魂是甚麼，精神支柱是甚麼的問題。中國文明起源、中國文明特色、中國文化傳統等問題，正是社會轉折時所引起的歷史反思的組成部分。這兩次歷史反思的社會思潮也就是引發我夢想的最初萌發和更為完整的契機，也是中國考古學 1920 年代產生和 1980 年代走向成熟的時代背景。

各國歷史有各國特點，各民族有各民族特點。特點就是差異，既有體質上的差異，也有民族氣質、思維方式、價值觀念、生活習慣等方面的差異。有些文化傳統可能隨着社會的變化而消失，或被新的傳統取代，唯構成民族特性的傳統精神往往世代相傳。在中國歷史上長期起積極作用的傳統，我多次提到過的有：

精於工藝，善於創造。這一特點可以上溯到中國猿人那裏。他（她）們採集劣質的石材（例如脈石英），卻打造出小型石器。這一傳統在其後數十萬年中一直傳承。如良渚玉器的細雕工藝、絲綢、漆器、瓷器、"四大發明"以及流傳至今的數百種民間手工藝,總體的精巧水平在世界上似無與倫比。中國農業亦以精耕細作聞名於世,直到今天還以佔世界 7% 的耕地養活了佔世界 22% 的人口。這一傳統與勤勞、樸實、自強不息的美德融為一體,幾乎可稱為是創造中華文明的基因之一。

極富兼容性和凝聚力。中華民族的形成主要不是由於外力、武力,而是通過一次又一次的交融、組合與重組,並在思想上形成了越來越強的認同趨勢。當"中國"產生之後,君權(王權)的大一統政策促進了民族的融合;漢民族之外的少數民族入主中原,給中原民族注入新鮮血液,促進了中華各民族的進一步融合,由此產生了更強的凝聚力。自秦漢建立了統一的多民族國家以來,從總體來說,分裂是短暫的,統一是主流。在維繫中華民族的紐帶中,方塊字發揮了巨大的凝聚作用。方塊字以形、意為主,能克服各地方言障礙,在不同方言區域內,比較容易進行經濟、文化交流和推行統一的政治,大大加強了中華民族的兼容性和凝聚力。

玉代表了一種崇尚高潔、堅貞、溫良的美德，體現着中國傳統的道德標準、價值觀念。人類從會製造石器起，就有機會與玉石打交道，後來又把令人賞心悅目的"美石"選出來製作裝飾品和貴重用具。真正把玉與一般石材區分開而用來製作珍貴飾物的是萬年以內的事。例如距今七八千年前的遼寧阜新查海遺址出土了 10 多件真玉器物，除一件玉錛外，其餘均為裝飾品。玉的一個特點是"溫"，冬天摸玉，有溫潤感。玉又有特點為"堅"，除金剛石以外，幾乎無物能克。中華民族把玉所具有的"溫潤""高潔""堅硬（貞）"等特點，轉化到人文觀念中，納入社會生活。玉器體現的美德是中華民族特有的文化現象，又是自史前時期以來一直承襲着的傳統。

近期我曾反復思考，中國傳統文化的核心 —— 對"天、地、君、親、師"的崇拜與敬重，是中國人傳統信仰的最高、最集中的體現。

中國除了有些政教合一的少數民族以外，從來沒有高於王權的宗教，也就是沒有國教。一些外國人不能理解，於是想出來一個中國人自己並不認可的宗教 ——“儒教”，沒有教主，沒有教規，沒有教義，也沒有宗教意義上的經典。但在中國傳統文化中確有最高崇拜的對象，這就是“天、地、君、親、師”。

我國古人對“天、地”，賦予了超自然的屬性。這裏的“天”，是一種抽象的權威象徵，一種不可抗拒的超自然正義力量。大家熟悉的明、清兩代的天壇，就是皇帝通天對話的神聖之地，可是在祈年殿裏並沒有設置一般宗教廟宇裏的那種偶像。這是由於任何偶像都不足以代表天的偉大。從祈年殿到圜丘之間的天街東側，有所謂的“七星石”，實際上那是泰山的象徵。對於“地”的崇拜，反映了追求人與自然的協調。至於對“君”的崇拜，則反映着對於社會秩序化即國泰民安的追求。對於“親”的崇拜，我看至少包括“祖先崇拜”以來至現實生活中的“父慈子孝”“兄友弟恭”等內容，是維繫、協調人際關係的重要紐帶。對“師”的崇拜，則是要求對文化、知識的尊重與繼承。

如果今人能夠對這一思想體系賦予這時代的新含義，就能夠更好地去對待自然，重視和協調人與自然和人際關係。敬老愛幼、尊師重教，繼承發揚這樣的文化傳統，就能對現代化建設做出更大的貢獻，具有中國特色的科學化、大眾化的當代中國考古學，也就能站到現實社會中應有的位置上。

世界必將走向"大同"

問：謝謝！最後還請您作為中國考古學會的理事長，在世紀之交，向《明報月刊》的讀者展望一下中國考古學的遠景。

蘇：人生短暫，我已是 88 歲的老人。我不諱言老，我很欣賞英國哲學家羅素講的哲理。他說一個人的生命歷程應該像一條河，開始涓涓細流，在狹窄的堤岸間行進，沖過岩石，跳過瀑布；其後水量變大，堤岸後退，流速湍急；最後，沒有明顯的停頓，匯入大海。我意識到和年輕的考古同人在一起，似乎融入其中，與事業合為一體，生命將在事業的發展中得到延伸。1994 年，我的第一本考古論文選集獲得首屆國家圖書獎一等獎，朋友們前來祝賀。我平靜地回答大家："同喜！同喜！事情是大家幹的，這是學科的榮耀。考古學是人民的事業。"

承香港商務印書館美意，不久將出版一本我的大眾化的著作《中國文明起源新探》，把我一生所知、所得，簡潔地說出來。這不僅是給考古同行做個交代，也希望使史學、民族學界以及其他對中國古史有興趣的海內外朋友們理解最近 20 多年來許多中國考古學者奮鬥的目標和成果。我的願望是希望大家清醒地看到，我們已取得的成績是很有限的，僅如一部大書的序言，未知數是大大的。跨世紀、21 世紀的考古學新局面是不會自然而然地出現的，事在人為，老一代人當然應該繼續發揮作用，但終究有賴於年輕一代的拼搏、開拓。不僅學科整體如此，就是一個重要課題也往往需要一代接一代地像接力賽那樣傳遞下去。

今天當我們站在新的起跑線上迎接 21 世紀時，需要同時完成雙接軌的任務。一個是"古與今"的接軌，也就是如何循古代中國的發展脈絡來看未來的中國，如何使中國文化傳統中的積極因素變成建設有中國特色的現代化的一種動力。另一個就是中國考古學與世界考古學的接軌，要求在認識上把"區系的中國"上升為"世界區系中的中國"。

中國東部、東北部、東南部的史前文化與東亞、東北亞、東南亞乃至環太平洋文化圈有着廣泛的聯繫。例如作為饕餮紋祖型的那種眼睛部位突出、誇張的神人獸面紋藝術風格，有段石錛等就與環太平洋文化圈中的同類因素可能有源流關係。進入成文歷史時期之後，"四夷"的概念在不斷變化，秦漢以後的"四夷"主要指漢民族以外的邊疆四隅的兄弟民族。這"四夷"正是中國同外部文化的連接點與橋樑，很難把中國與世界文化截然分割開。這是其一。

還有，在中國，從舊石器時代起，從來就不是封閉的、孤立的，這已為許多考古發現證實。中國歷史上誠然有過"中華帝國無求於人"的閉關鎖國時代，但"閉關鎖國"只不過是封建統治者的主觀願望，事實上的中外交流幾乎一天也沒有停止過。陸上絲綢之路、海上絲綢之路、陶瓷之路、香料之路如此，不見經傳的條條通路更是如此。史不絕書的溝通中外的功臣的業績，只是中外交流銀河中的一些明亮之星。這是其二。

　　或許是最重要的一點，則是世界上沒有其他文明古國能像中國這樣，既有如此廣闊的文化區域，又有如此長久的文化傳統。研究這樣一種文化實體，無疑將不斷概括出新的理論認識，對世界文明史取得越來越多的發言權。中國的歷史、世界的歷史都告訴我們，人類必將對"地球村"的過去和未來取得共識，現實世界必將走向"大同"！

　　訪問整理：邵望平（中國社會科學院考古研究所教授）
　　修訂：俞偉超（中國歷史博物館原館長）

再版後記

回眸二十年

——寫在《中國文明起源新探》

（繁體版）再版之際

　　蘇秉琦先生所著《中國文明起源新探》（以下簡稱《新探》）一書，由香港商務印書館於 1997 年 7 月出版到這次再版，已經 20 多年過去了。這期間，考古學科尤其是與文明起源有關的課題，不斷有新發現、新研究成果和新領域的開拓，先生在《新探》一書中所闡述的學術思想仍在起着指導作用，具體觀點也被反復印證。不僅歷史考古界，社會學、民族學、哲學史、文學和區域文化史等學科對之也多有關注。許倬雲先生於《新探》出版當年就以《一個新的學術主題典範》為題將《新探》向海外介紹（《漢學研究通訊》1997 年），後又著文說蘇先生的學術思想及其影響將引發“學科革命”（《論學不因生死隔》2002 年）；費孝通先生說這本“用古代遺傳的實物來實證中國五千年的文明發展過程”的著作是“中國人對自己文化的自覺”（《北大百年與文化自覺》1998 年）；趙汀陽先生在為《滿天星斗 —— 蘇秉琦論遠古中國》（2016 年）一書所寫的“代序”中，依李澤厚先生對蘇先生學術思想的推薦，說哲學史界在研究“天下”和“中國”概念時特別注意蘇先生學術思想中的哲學分析和推想；金庸先生於 2007 年在北京大學國學研究院和香港中文大學講座時，都曾說到他的作品以開放觀點處理中華多民族關係，是從北大教授蘇秉琦先生《新探》一書受到的啟發；由中央文史研究館主編，每省一卷的《中國地域文化通覽》（2013 年）和袁行霈先生撰寫的"總緒論"，也大都有對蘇先生學術思想的理解和引用。

《新探》一書在香港出版之後，亦由內地三聯書店（1999 和 2019 年）、遼寧人民出版社（2007 年）、北京人民出版社（2008 年）陸續推出簡體版，還相繼出版了日文（2004 年）、英文（2015 年）和韓文版（2018 年）。2009 年，由中國、日本、韓國出版人組織的"東亞出版人會議"發起編輯《東亞人文 100》，旨在宣介東亞地區 20 世紀中葉以來人文思想文化的 100 種優秀著作。《新探》作為中國香港地區推薦的六種圖書之一入選。

《新探》一書及蘇先生的學術思想為甚麼有如此廣泛、持續的影響力，這是我時常思考的一個問題。

就在 1996 年初《新探》在深圳寫作之前，蘇先生的第二本論文集以《華人・龍的傳人・中國人 —— 考古尋根記》為書名，於 1994 年 9 月先生 85 歲生日時由遼寧大學出版社出版。先生為文集撰寫了前言《六十年圓一夢》，文中對考古學科的發展和個人學術生涯有這樣兩段回顧：

前段時間主要精力耗費在兩方面：一是繞出兩個怪圈；二是找到新起點。兩個怪圈之一是根深蒂固的中華大一統舊觀念；之二是把社會發展史當做全部歷史。新觀念、新起點是甚麼呢？一是從一種古器類（瓦鬲）研究到一種考古文化（仰韶）研究，在中國考古學上具有奠基意義。30 年沒白過。前後兩個 30 年之間的轉折點是 1980 年代前後“考古學文化區系類型說”的提出。

1980 年代我們揭開了一個“區系的中國”之謎，1987 年前後我們又對中國文明起源之謎取得矚目成果。進入 1990 年代初又在對中國文化與中國文明起源問題有了系統認識的基礎上，重新審視世界、區系的世界、區系的世界之中的中國。我們似重新發現一個和以往心目中的世界與中國有所不同的圖像。21 世紀的中國考古學已在眼前。

可以看出，《新探》就是按照這個思路寫作並有所發揮的。不過今天讀來，對於先生總結的"揭開了一個'區系的中國'之謎"和"對中國文化與中國文明起源問題的系統認識"，以及在此基礎上"重新發現一個和以往心目中的世界與中國有所不同的圖像"，又會有甚麼新的認識呢？

正如《新探》一書中多個章節所述，"考古學文化區系類型理論"遠不限於劃分區域，而是在建立區內考古文化各自發展序列，比較各區系大致同步又有先有後、有主有次的發展水平的前提下，更看重區內和區間諸文化的相互關係，即彼此頻繁又多形式的交流，如裂變、碰撞與融合的諸多實例；特別是強調中原以外地區先走一步，或較早產生先進因素的情況屢見不鮮，這直接導致各區域間的交流往往不是由中原向四周放射而是由四周向中原匯聚。如將龍山時代的陶寺文化分別來自東南和西北地區的諸多文化因素所具有的多元綜合體性質形容為："很像車輻聚於車轂，而不像光、熱等向四周放射。"並釋史載"帝王所居曰'中'（國）"即匯聚為"中（國）"（《華人・龍的傳人・

中國人 —— 考古尋根記》1987 年，《新探》第六章《三部曲與三模式》）。還指出這一匯聚的主導方向，既見於史前時期，也見於夏、商、周三代，"對於中原地區來說，夏、商、周都是'外來戶'，大約先周與西部有關，夏則有源於東南方的線索，商人則認東北為老家。"（《新探》第四章《"條塊"說》）還見於先秦以後，如對燕山南北地區歷史發展的論述："我國統一的多民族國家形成的一連串問題似乎最集中地反映在這裏。不僅秦以前如此，就是以後，從'五胡亂華'到遼、金、元、明、清，許多'重頭戲'都是在這個舞台上演出的。"（《燕山南北地區考古》1983 年，《新探》第四章《"條塊"說》）這些論述與以往以中原為中心，以王朝為中心，以漢族為中心的傳統史學觀有很大的不同，卻以考古學為依據真實地反映出各地區、各民族共同為中華文化、中華民族和中華國家的形成發展作出的貢獻，從而達到闡明 56 個民族 14 億人民是如何凝聚在一起的基礎結構的最終目標。

匯聚產生文明"火花"，這是蘇先生多次強調的。陶寺文化如此，紅山文化與仰韶文化的南北碰撞推動紅山文化

"壇、廟、冢"的出現，更具典型性，因為這是中華五千年文明起源的主要象徵。所以，蘇先生在《六十年圓一夢》中談到文明起源突破口時所舉的唯一考古實例就是1980年代考古工作兩大項成果：一是連接中原與北方兩大文化區系（紅山與仰韶）文化遺存的研究；二是遼西紅山文化壇、廟、冢遺跡的新發現。

要指出的是，對於仰韶文化與紅山文化的關係，先生更多是作為他倡導"考古尋根"的主要依據提出來的，表述為這兩支文化各自的主要標誌物——仰韶文化彩陶主題——花（華），與紅山文化玉器主題——龍，即"華山玫瑰燕山龍"或"華人與龍的傳人"的結合。先生依據考古發現設想的仰韶文化與紅山文化的南北交流路線圖（各自的出發地、移動路徑和接觸點）及其與古史傳說五帝時代諸代表人物活動軌跡的吻合，也是圍繞追尋中華文化傳統之源這一主題展開的。可見先生衡量區域間碰撞產生文明"火花"的標準，與這些文化因素在後世的傳承有很大關係。

蘇先生在文明起源研究中格外重視文化因素傳承的想

法，我最初是從他對遼寧喀左縣東山嘴遺址的分析中領悟到的。

東山嘴遺址於 1979 年遼寧省文物普查時發現，1979—1982 年發掘。遺址長不到 60 米，寬不到 40 米，但為石砌建築群址，且南圓（祭壇）北方，依中軸線左右對稱，又坐落在高崗上，面向開闊河川和大山山口。遺址發現的消息傳到京城，蘇先生以高度的學術敏感性給予特殊關注，建議在考古工地召開現場討論會，先生並冒着遼西山區盛夏的炎熱親自到現場考察。對於這樣一個規模不大的遺址，先生為甚麼如此重視？這在東山嘴會前先生於 1983 年 5 月 29 日給我的一封信中有明確答案，信中談到他在不久前於鄭州召開中國考古學會第三次年會期間參觀嵩山中嶽廟時的感受：

　　總的環境風貌是四周環山，北面嵩山高聳，中間有潁水從西向東，廟位置坐北向南，廟後是高高在上的一座方亭式建築，廟前是長甬道通雙闕……這多麼和“東山嘴”位置、地形、地貌相似。

原來先生是從建築的選址及組合與佈局上，將始建於秦漢，清代重修的嵩山中嶽廟建築群與他尚待考察的東山嘴遺址進行比較的。

同年 8 月初的東山嘴會後不久，牛河梁遺址積石塚和女神廟發現。先生立即將新發現的這些紅山文化祭祀遺存與東山嘴遺址一起，歸納為"壇、廟、塚"，認為這是活動於大淩河流域的紅山人舉行類似古人傳說的"郊"、"燎"、"禘"等重大祭祀儀式活動留下的遺跡，並一下子聯繫到四五千年後明清時期北京的天壇、太廟和明十三陵，"這種'壇、廟、塚'三合一的建築遺址，有點類似於明清時期北京的天壇、太廟與明十三陵"（1986 年 7 月 25 日媒體依先生觀點對紅山文化考古新發現的報導）；先生也先後著文說："壇的平面圖前部像北京天壇的圜丘，後部像北京天壇的祈年殿方基"；"發生在距今五千年前或五六千年間的歷史轉折，它的光芒所披之廣，延續時間之長是個奇跡。"（《象徵中華的遼寧重大文化史跡》1987 年，《新探》第五章《滿天星斗》）由此可知，當先生把紅山文化"壇、廟、塚"作為中華五千年文明象徵時，更為看重的是這些五千年前祭祀遺址的配套組合與佈局強大的傳承力。

此後，紅山文化的一系列考古發現在進一步證明着先生的觀點。如內蒙古敖漢旗草帽山在積石冢前（南）部佈置有祭壇，朝陽龍城區半拉山在積石冢的後（北）部發現廟宇線索，尤其是牛河梁第二地點的大型祭壇，位置在女神廟的正南部，為立石砌築的不等距三層圜丘式，結構與歷代王朝祭天的圜丘，如現存的北京天壇的圜丘驚人相似，而北廟南壇的佈局，也為歷代所長期延續，直到明清時期。

其實，早在"考古學文化區系類型理論"醞釀時期，先生就很注意不同文化接觸產生具傳承力的文化因素，如他將東南沿海和江漢地區大汶口、崧澤以及屈家嶺等文化，由東南向西北影響中原仰韶文化的陶"鼎、豆、壺"序列，與中國傳統禮制相聯繫，"它們（指東南沿海地區—郭註）在這一期間對我國其餘人中密集的廣大地區的影響、作用是顯而易見的。如流行全國廣大地區的以'鼎、豆、壺'組合而成的禮器、祭器就是淵源於這一地區。"（《略談我國東南沿海地區的新石器時代考古》1977 年，

《新探》第四章《"條塊"說》）。又如先生在"三北"（冀北、晉北、陝北與內蒙古中南部）地區的張家口蔚縣和內蒙古準格爾旗辨認出中國古文化特有的三袋足器 —— 陶鬲起源的標本，這類被譽為"中華古文化標準化石"，就是距今5000年前後的末期小口尖底瓶與尖底腹斝共生融合的產物；而"三北"地區正是北方與中原兩個不同傳統文化的交錯地區，由此，先生認為這一地帶是由仰韶時代過渡到龍山時代大變革的"風源"所在，近年在陝北神木縣石峁發現的大型石城址便是進一步的證明。

先生還根據新的考古線索，把中國歷史的基本國情歸納為："超百萬年文化根系，上萬年文明起步，五千年古國，兩千年中華一統實體。"（1992年為中國歷史博物館40周年題辭，《新探》第七章《雙接軌》），從而將中國歷史和文化傳統的根脈從五千年又上溯到上萬年至百萬年。最終在文明起源的系統理論形成後，先生正式將"民族文化傳統"與國家起源即文明起源一起列為國史的核心，"國史的核心問題：一是國家起源（即文明起源）；二是民族文化傳統。"（為"海峽兩岸歷史與考古整合會議"撰寫的

《國家起源與民族文化傳統》提綱，1994年）。

由於中華文明起源更看重文化的傳承，文明起源的標準就不限於金屬的發明、文字的出現與城市的形成等所謂的"三要素"，而主要是從中國考古的實際材料中"對中國文化傳統（長期起積極作用的因素）如何從星星之火成為燎原之勢，從涓涓細流匯成長江大河這個千古之謎，從考古學尋找'破密'的鑰匙。"（《向建立中國學派的目標攀登》1989年），這就將文明起源研究的重點放在中國和以中國為代表的東方文明起源的道路和特點上來，進而揭示中華文明連綿不斷的根本原因。

所以，此後先生提出從"區系的中國"到"區系的世界"，中國與世界和未來的接軌，已是水到渠成。因為古代中國不僅從時空範圍具備了與世界比較和討論相互關係的條件，而且突顯出中國在"地球村"中"舉世無雙"和"中國是大頭"的地位：

世界上沒有哪一個像中國如此之大的國家有始自百萬年前至今不衰不斷的文化發展大系。從超百萬年的文化根系，到萬年前的文明起步；從五千年前氏族到國家的“古文化、古城、古國”的發展；再由早期古國發展為各霸一方的方國，最終發展為多源一統的帝國，這樣一條中國國家形成的典型發展道路，以及與之同步發展的中華民族祖先的無數次組合與重組，再到秦漢時代以後幾次北方民族入主中原所形成的中華民族多元一體的結構，這一有準確時間、空間框架和豐富內涵的中國歷史的主體結構，在世界上是舉世無雙的。……所以，中國史在世界歷史發展進程中是大頭。（《新探》第七章《雙接軌》）

至此，“一個和以往心目中的世界與中國有所不同的圖像”已躍然紙上。

寫到這裏，要作一點補充的是先生關於“人類文明一元性”的論述。《新探》第七章提到這一觀點但未展開。先生最早是 1993 年北京大學賽克勒博物館建館開幕致詞時，在談到世界三大古文明中心 —— 西亞北非、中國為代表的東亞、中南美 —— 都經歷過類似的從氏族到國家，而國家又經歷過從古國到帝國的不同發展階段之後，說到這"證明了人類社會歷史的'一元性'"。三年後在深圳寫作時，先生較多講到這一觀點。記得那年剛剛到達深圳尚未完全安頓下來，先生就談到：世界各個國家、民族，差別雖然多種多樣，但"還是從一元論考慮，因為地球是獨一無二的。"隔天又進一步補充說："世界文明史一元化，指一個地球，發展階段大致同步，發展道路有相近一面，同時相互交流，並不是封閉的。"此後的幾天又不時談到這個話題，並舉滿族為例，清初統一多民族的中華帝國的鞏固和發展，就與以漁獵為本的滿族所培育的"長城內外是一家"的理念有很大關係，還聯繫到現實如聯合國的產生和最高理想等等。從深圳回京不久，先生在住所接受了香港《明報》的專訪，專訪結尾時先生再一次說到："中國的歷史、世界的歷史都告訴我們，人類必將對'地球村'的過去和未來取得共識，現實世界必將走向'大同'。"這次專訪刊於香港《明報月刊》1997 年 7 期（按全文亦被收錄於本書，詳見附錄二），是蘇先生發表的最後一篇著作，

可知"人類文明一元性"應該是先生考古一生中最後的學
術思考，同時也有對即將跨入新世紀的考古學冀於的希
望，即考古學以實證材料參與研究"人類文明一元性"這
個超越國家、民族認同，關係世界未來走向的命題，並不
斷取得成果，所以蘇秉琦先生預言："21 世紀的中國考古
學已在眼前"。

郭大順

2020 年 3 月於海南省東方市